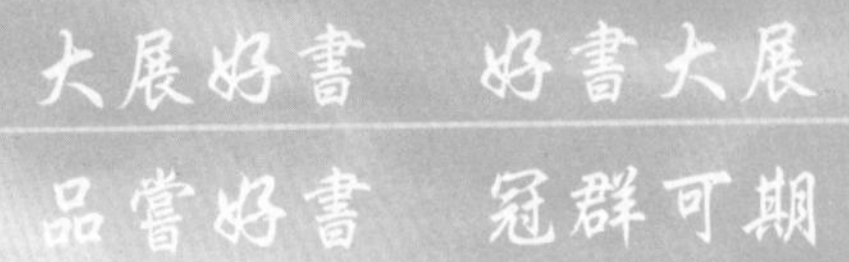
大展好書　好書大展
品嘗好書　冠群可期

武術特輯

74

太極推手技擊傳真

馮志強　傳授
王鳳鳴　編著

大展出版社有限公司

1953 年首都武術社成立，第二排由右向左第七位為陳式太極拳第十七代著名傳人陳發科先生，當選為社長。第二排由右向左第八位為中國著名道家內功傳人胡耀貞先生，當選為副社長。

1985年 4 月 23 日，全國陳式太極拳名家匯集於太極拳發祥地陳家溝。第一排由左向右第四位為陳式太極拳第十八代著名傳人馮志強先生。第二排由左向右第四位為王鳳鳴先生。

馮志強先生的「內功絕技」。（1986 年）

1987 年，馮志強先生受到人大常委會萬里委員長的接見。

1988 年，北京武協志強武館與北京市公安局崇文分局聯合舉辦崇文區各單位保衛幹部防衛術培訓班。

1989 年，王鳳鳴先生與俄羅斯武士交流太極推手，他被稱為以小勝大、以巧取勝的典範。

1990 年，馮志強先生與弟子王鳳鳴先生在日本東京講學。

1993 年 8 月 31 日，在瑞士舉辦的歐洲太極拳推手比賽上，王鳳鳴先生表演推手時的「發勁」。

學生們在體驗王鳳鳴老師「丹田內氣鼓蕩」。（1994 年）

王鳳鳴先生帶領芬蘭的學生們練功。（1995 年）

1996年，王鳳鳴先生在法國巴黎教功。

1997年，王鳳鳴先生在德國教授太極棒尺氣功。

1998 年，馮志強先生在芬蘭赫爾辛基指導太極推手技擊。

1999 年，王鳳鳴先生在加拿大教學時，與加拿大陳式太極修練院院長李來仁先生及學員們合影留念。

2000 年，王鳳鳴先生在芬蘭舉辦的歐洲第三屆國際陳式混元太極拳和氣功交流會上。

2001 年，淄博市梓童山武術院院長倪元海先生（左一）敬聘王鳳鳴先生（左二）為名譽院長。

2003 年，王鳳鳴先生在西班牙主持的「第六屆歐洲國際陳式混元太極拳和氣功交流會」上。（身著黑色服裝者）

王鳳鳴先生在給美國弟子講授擒拿。（2004 年）

出版說明

《太極推手技擊傳眞》來源於陳式太極拳第十七代著名傳人陳發科先生及其高徒——在中外武術界享有「太極巨人」之稱的馮志強先生所傳授的太極推手技擊方法。本書由馮志強先生的嫡傳弟子，在國際上享有盛名的王鳳鳴先生編著。

《太極推手技擊傳眞》是一部教與學難得的優秀教材，以理論精闢、技術獨特、系統全面而著稱。書中內容已被中外武術院、校、館、太極拳協會列爲太極拳推手技擊的教學項目。

故此，我們特將它介紹和推薦給中外廣大熱愛太極拳運動的人們。

作者簡介

王鳳鳴先生1952年生於北京。8歲起先後從師於王有志老師學習少林拳，從師於八卦掌第四代傳人劉興漢老師學習八卦掌，1975年正式拜師於陳式太極拳第十八代傳人、氣功傳人馮志強老師的門下學習太極拳和氣功等傳統技術。他經歷幾十年的苦心修練和潛心研究，集太極、氣功、八卦於一身，得其眞傳，功深技精，掌握技術全面，多次在國內外的太極拳和氣功交流比賽上獲獎，是馮老師最得意的、很有成就的弟子之一。

王鳳鳴先生不僅僅是一個練功者，還是一個從事技術理論方面的研究者，他發表的中英文著作《道家太極棒尺氣功》《道家氣功精華－內丹功－外丹功》《太極推手技擊傳眞》等成了膾炙人口的暢銷書，發行於世界各地。他還在一些武術雜誌上發表過十幾篇有關氣功、太極拳方面的論文。爲了掌握中醫方面的知識，提高對人體科學的認識，他曾在中醫研究院學習了三年中醫理論。

王鳳鳴先生從1982年開始在北京國際教學中心工作，從事武術、太極拳、氣功方面的教學。其間，他曾任教練、高級教練、總教練、副總經理、國家級武術裁判和志強武館副館長、總教練。爲國內外武術界培養了大批的學生，爲傳播和推廣中國的太極拳、氣功作出了貢獻。他作爲中國武術界一位非常有實力有影響的武術名家，曾多次被邀請出訪日本、韓國、法國、瑞士、荷蘭、西班牙、德國、芬蘭、瑞士、英國、加拿大、美國等國家進行氣功、太極拳方面的教學和學術交流，受到了國內外武術界的尊敬和好評。被選譽爲「眞正的太極和氣功大師」，並被國內外的二十幾個武術組織聘請爲名譽主席、名譽院長、顧問等。

1994 年，王鳳鳴先生到芬蘭赫爾辛基大學體育系和其他學校從事太極拳和氣功方面的教學工作。爲了更進一步宣傳和推動太極拳和氣功事業在歐洲的發展，他組織成立了歐洲陳式混元太極拳協會，任主席。

從 1998 年起，他先後在瑞典、荷蘭、芬蘭、法國、德國、西班牙、英國成功地領導組織了每年一次的「歐洲國際陳式混元太極拳和氣功交流會」，深受來自世界各地的太極拳和氣功愛好者的歡迎。

http://www.eurohunyuantaiji.com

目 錄

第一章

緒　論

第一節　導　讀

「太極推手技擊傳真」源於陳發科先生和他的高徒馮志強先生傳授的太極推手技擊方法。陳發科先生是陳式太極拳第十七代著名傳人，功夫深厚，太極纏絲功出神入化，人頌「太極一人」。

本書第五章提到的「太極內功修練法」來源於道家氣功著名傳人胡耀貞先生。胡先生身懷道、武、醫三絕，人頌「近代氣功之父」「神醫」。二位先生德高藝精，是近代中國武術界、氣功界的傑出代表。

馮志強先生是二位先師的高徒，「太極拳與氣功同時修練」是他幾十年來潛心研練、總結出的一條成功之路。他集太極拳、氣功於一身，功進大成，爐火純青，尤擅長於太極推手技巧和散手技擊，是當代太極拳界的傑出代表，享譽海內外，被國際上稱為「太極巨人」。

他根據二位先師的修練結晶，又根據自己六十多年來的練功經驗體會，在繼承傳統的基礎上，立意創新，有所發展，使太極推手技擊理論實踐化、技術科學化、訓練方法更加完善系統化。

太極拳推手練功方法分為普及項目、提高項目和深造項目等等。由於過去長期受傳統習俗制約，學習功夫內外有別，一般普通學員只能學習普通項目，要想繼續學習提高，只有正式拜師後才能得到繼續學習提高的機會。

為了讓國內外更多的人了解太極拳推手、認識太極拳推手，馮志強老師下決心將太極拳推手中被認為是保密的、不外傳的練功項目，全部毫無保留地公開傳授推廣，使中國歷代以師徒之間私下秘密傳授的方式轉向全民化，這實在是太極拳愛好者們的福音。

為了儘快滿足廣大太極拳愛好者追求真正意義上的太極拳功夫「內以修身，外以致用」兩大效能的願望，我們歷經多次深加工整理，編著了《太極推手技擊傳真》一書。全書分十二章，主要內容介紹如下：

在第一章「緒論」中，概括地論述了學練太極拳和學練太極推手技擊之間猶如「魚和水」一樣密不可分的關係。

在第二章「太極推手技擊理論」中，精闢、深刻、獨到地闡述了「陰陽學說」，太極推手技擊時調整身體平衡的幾個規律，「太極圓形運動之理」，太極推手技擊「三道防線」與「三盤」的畫分，及怎樣攻克太極推手技擊理論和技術上的獨到之處。

在第三章「太極推手技擊要領」中，具體介紹了在太極推手技擊時，手、眼、身法、步的基本要領及注意事項。

在第四章「身體各部位纏絲功練習方法」中，我們根據初習者在練習太極拳和推手動作時，關節僵硬、肌肉不放鬆等現象，為大家精心選編了既科學又獨特的纏絲功訓練方法。在每個動作的練習方法後，還安排了「意守部位」「功效反應」和「重點提示」項目。它不僅使您懂得了每個動作的技擊涵義，還使您同時了解認識到了每個動作的健身功效。

在第五章「太極內功修練法」中，我們針對有些人雖然練習太極拳多年，但卻收效甚微的現象，著重強調了修練內功的重要性，並特意為大家安排了「太極內功修練法」。這是具有「太極巨人」之稱的馮志強老師和筆者，由幾十年來的練功和教學實踐總結出來的「太極拳與氣功同時修練」的好經驗，是提高太極內功的一條捷徑，它會促使您的太極推手技擊水準更上一層樓。

在第六章「太極十三勢」中，我們為您安排了太極拳中的技術精華，太極八法、掤、捋、擠、按、採、挒、肘、靠的單勢練習和兩人實戰練習和太極十三勢組合練習的方法。這是馮志強老師從太極拳中精心提煉出來並經過多年研究實踐總結出來的一套新的練功方法，它為太極推手技擊注入了新的活力。

在第七章「太極推手技擊七種方法」中，我們全面具體地介紹了七種不同風格特點的太極推手技擊練習方法。並將其畫分成初級階段、中級階段、高級階段、深造階段進行學練。習練者可根據自身情況，按書中介紹的太極推手技擊方法進行學練。

在第八章「太極勁精華」中，我們向太極拳愛好者們介紹了 20 種不同風格特點的太極勁。它將從勁別動作上講解，從技擊理論上闡述，從人體結構、力學原理上分析，由淺入深，層次分明，程序合理，一層高一層。

筆者根據多年練習太極拳推手技擊的經驗，獨具匠心地將每一種太極勁的學練方法進行了深刻的研究探討和精闢獨到的論證。實為太極推手技擊著作之首創。

在第九章「太極擒拿與反擒拿」中，具體介紹了身體各個部位怎樣行之有效地先發制人，又闡述了如何靈活多變、巧妙地化解對方擒拿之後，再後發制人地進行反擒拿。

擒拿與反擒拿技術千變萬化，擒拿與反擒拿技術運用的好壞事關重大，是取得太極推手技擊勝利的重要因素之一。因此，我們建議習練者除了學練擒拿技術之外，還要研究掌握一些人體結構、經絡內氣走向、穴位方面的知識，才能在運用擒拿與反擒拿技術時，更好地達到抓筋錯骨、拿脈、截氣、點穴之功效。

在第十章「太極腿法」中，我們向太極拳愛好者們介紹了多種技術獨特、靈活多變的太極腿法。從而使讀者進一步認識武術諺語所述「三分拳，七分腿」的重要性。

在第十一章「點穴功」中，我們首次向您披露了自古至今始終被蒙上一層面紗的「點穴功」的練習方法，並展示了古代傳留下來的一些千金難求的「點穴功」的珍貴技術資料：《三十六要圖》《丑時應點穴道圖》《寅時應點穴道圖》《點穴氣血運行穴道秘訣》《點穴與時辰》。本章從理論到技術翔實介紹了「循時點穴」的聯繫方法。

在第十二章「名人軼事」中，介紹了陳式太極第十七代著名傳人陳發科先生和道家氣功著名傳人胡耀貞先生及在中外武術界享有「太極巨人」之稱的馮志強先生，在武林界展示武功，但又「不以技壓人，願以德扶人」的真實感人事跡。

近年來，在幾十個國家的教學實踐中，凡學練過本教材的學員們都普遍反映，它不僅是一部理論精闢、功深技精、教與學難得的優秀教材，而且還具有功法安排的科學合理、重點突出、技術性強、實用性強、功夫一層深一層等特點。最重要的是學練者有易學、易懂、易掌握、收效快、增長功夫快等特點。所以，在太極拳推手教學實踐中取得了卓有成效的練功成果。

凡是和筆者練過本教材內容的國內外學員們，普遍有「練功一年受益十年，練功十年受益終身」的切身體會。因此，深受國內外太極拳愛好者青睞。

本教材內容並被中外武術院、校、館，太極拳協會列為太極拳推手技擊的教學項目。故此，我們將它介紹和推薦給中外廣大熱愛太極拳運動的人們。

第二節　太極推手技擊概述

現今中國和國際上流行的太極拳流派，不論是哪一式，不論姿勢是開展還是緊湊，不論套路動作多少，只要細心觀察就能發現，這些外表雖有差異的太極拳套路，其修練內容都是相同的，都是以太極陰陽變化的哲理為總綱，以太極十三勢中的掤、捋、擠、按、採、挒、肘、靠，進、退、顧、盼、定和沾、連、黏、隨為核心的原則指導下進行修練的。

從中國武術研究院所制定的全國太極推手統一比賽規則也可以說明，太極推手技擊沒有門派之分，其修練宗旨都相同。

練習太極拳套路是個人認識、體會、運用、掌握太極八法掤、捋、擠、按、採、挒、肘、靠和五行步法進、退、顧、盼、定及沾、連、黏、隨技術的階段。因此，太極拳理論稱練習太極拳套路是「知己」階段的練習方法。

練習太極推手是藉由兩個人對抗性的實踐運用，來檢驗從練習太極拳套路中得來的太極八法掤、捋、擠、按、採、挒、肘、靠和五行步法進、退、顧、盼、定及沾、連、黏、隨各種勁別技術掌握的正確程度，是對太極拳中的各種勁別技術再認識再提高的過程。透過太極推手的形式來檢驗自己的太極拳功夫，達到什麼水準、什麼階段了。

力學啟示我們，力作用於物體方始產生作用，力是一個物體對另一個物體的作用。或者說，力是加力物體對受力物體的作用。

我們在練習太極拳套路時雖然也有力，但是，手上、身上並不加力於其他物體，或手上、身上並不受力於其他物體。惟有在兩個人進行太極推手時，才體現了力在兩個人之間的真正作用。所以，太極拳理論稱練習太極推手是「知己知彼」階段的練習方法。

實踐證明，練習太極推手就像一把尺子、一面鏡子一樣，是檢驗太極拳功夫水準的惟一標準。

太極拳流行幾百年來之所以不為其他武術所同化，而仍能獨具一格，正是這些獨特的理論、獨特的練功方法、獨特的技擊技術作為太極拳的中流砥柱，才使太極拳日益發展、普及。

第三節　太極推手技擊導引

練習太極推手要有一定的太極拳基礎，太極拳的動作練得熟練正確、鬆柔沉穩，能做到上下相隨、內外合一、輕靈和緩、虛實分明，方能在太極推手的運用中充分發揮技巧。由推手的鍛鍊，可以進一步檢驗練習太極拳的方法、勁力和姿勢是否正確。推手對掌握練拳時的鬆柔沉穩、培養內勁、訓練自身的靈敏機巧都有極好的作用，二者相輔相成、不可偏廢。

但是，首先要練好太極拳，要了解太極拳中的每個動作，為什麼要這樣做？它與身體結構有什麼關係？技擊意義是什麼？內氣運行要達到什麼功效等等。對太極拳的鍛鍊和研究是提高推手技術水準的前提，二者互相促進、互相提高，這一點決不能忽略。

王宗岳《太極拳論》說：「由著熟而漸悟懂勁，由懂勁而階及神明。」《打手歌》云：「掤捋擠按須認真，上下相隨人難進……」明確指出練習太極拳及其推手的學習步驟和將能達到的藝術境界。

所謂「著」，就是招式，是指練太極拳和推手的一招一式的動作。「著熟」，就是要將這些動作操作純熟，不僅是姿勢正確，而且這些動作的用法也要熟練掌握。

推手中的掤、捋、擠、按稱之為「四正手」何謂「掤」，何謂「捋」，何謂「擠」，何謂「按」，在練習推手之初，就應該首先將它弄明白、做正確，並且認真地操練。待這些「著」熟練以後，推手中才能逐漸領悟對方是如何來勁的情形，這就是太極拳術語中稱之為「聽勁」和「懂勁」的功夫。

這是推手技術中最細致也是較難掌握的一步功夫。待掌握了「聽勁」「懂勁」功夫後，繼之不斷深化、愈練愈精，最後就能達到「任他巨力來打我，牽動四兩撥千斤」，「從心所欲」「人不知我，我獨知人，階及神明」的高深階段。

「聽勁」和「懂勁」是推手技術中最重要的核心，是克敵制勝的關鍵，沒有學會聽勁就談不上懂勁。因此，練習「聽勁」是推手練習的第一步功夫。

所謂「聽勁」並非是用耳朵去聽，而是靠大腦中樞神經的靈感指揮，靠自己平時練太極拳所練就的既鬆柔又沉著的手臂去接觸對方的手臂，靠這種皮膚觸覺的感應來體察和掌握對方來勁的意圖。兩人在推手過程中，雙方都在運用這種觸覺「聽勁」。「聽勁」是推手的基本功，也是練好推手、達到懂勁的關鍵。

知道如何去「聽」對方的勁，然後才能逐漸「懂」對方的勁，掌握對方的勁，進而根據對方來勁的剛柔、勁力的大小、速度的快慢、時間的早遲、部位的高低等等情況，採取相應的措施，順勢借力，或「化」或「發」，不先不後，恰到好處，使對方偏移重心，身體失去平衡，受制於我，使自己立於不敗之地。

練習太極推手要求做到沾連黏隨、不丟不頂。不丟，即是不脫離；不頂，即是不相抗。走化之勁無形無痕，發放之勁要於不知不覺之中。

要達到這種階段，沒有很好的「聽勁」和「懂勁」功夫，是很難辦到的。《拳論》上形容聽勁為「一羽不能加，蠅蟲不能落」，將這種明察秋毫的靈敏度運用於推手，在聽勁方面，就能細細地、準確無誤地體察出對方來勁中極其細小的變化情況。我則不先不後、不早不遲、恰到好處地運用沾連黏隨、不丟不頂的推手技巧，隨屈就伸，化勁於無形，發勁彈抖崩炸。

在推手中，如果沒有練就「聽勁」和「懂勁」功夫，是不可能掌握好這種尺度、達到這種要求的。

在推手中，如果不學會「聽勁」「懂勁」，和人一搭上手，必然非丟即頂，瞎撥亂抗，顧此失彼，沒有一點兒太極推手的味道。非但練不好推手，反會練出一些不易改正的毛病。不但不能提高自身的靈感，反而感覺遲鈍，兩臂呆滯、僵硬，把身手練壞，發揮不出推手的技巧。

所以，二人在推手時，事先一定要持以虛靈的氣勢，以神意沾著對方，出手時輕輕接觸，不能用大力抵抗，不多動，不妄動，輕輕地隨著對方的來力而跟之隨之，順勢以應之。「聽」出對方來勁的意圖後，進而掌握對方的勁，化解對方的勁。

推手時雙方都在一進一退、一攻一守的各種變化中比聽勁，在不丟不頂中討消息、比反應。這一掤一捋一擠一按，看似簡單，細究起來，卻有深刻道理。只有認真地去探索、研練，久而久之，才能提高太極推手水準。

太極推手決不是隨便兩手搭靠，畫幾個圈，做幾個動作，而能知其深邃內涵的。所以，我們學練太極推手要從太極拳理論中所強調的「掤捋擠按須認真，上下相隨人難侵」練起。

第二章

太極推手技擊理論

第一節　陰陽、無極、太極

陰陽是畫分和說明兩種既相互統一、又相互對立；既相互依賴、又相互制約的矛盾著的事物的相互間關係的理論。人體是一個陰陽相互維繫的整體，保持著與自然界的和諧，維持著正常的生理活動，若陰陽的某一方面發生偏盛或偏衰的現象，就會使陰陽失去相對的動態平衡而發生病變。透過修練太極拳，可使機體內失去平衡的陰陽在不斷的運動變化中得以調整、平衡，從而達到祛病、健身的練功效果。

無極之義原指宇宙之初天地未分、萬物未生之時的景象，形容為空空洞洞、混混沌沌、無色無像、無聲無嗅、無端無形、無一物而包萬物之理。無極的本質特徵是「靜」，即內外俱靜。

無極之理應用於練功，先求靜，靜極則生動，動則產生陰陽，靜為陰，動為陽。靜是本體，動是作用。動從靜中生，陽從陰中來。外靜而內動，外動而內靜，從而達到靜中有動、動中有靜、動靜相兼，不經過靜極生動的無極修練，就不能產生意氣循環運行。所以，我們修練太極拳，應遵循古人留傳下來的「練功須從無極始，陰陽開合認真求」的寶貴練功經驗。

中國古人以陰陽、動靜的運動變化規律理論為依據，在無極的空圈內畫了一對動靜旋轉開合對稱的黑白魚，分別代表陰陽二氣，黑者為陰儀，白者為陽儀。黑中含一白點代表為陰中有陽，白中含一黑點代表為陽中有陰，以此表明陰陽、動靜、開合、旋轉互為其根、互相調濟而滋生萬物的交合之理，這就是相傳至今的陰陽太極圖。

太極拳吸收引用了陰陽、無極、太極的辯證哲理，故稱「太極拳」。它具備以下幾個特點：

1. 動靜相兼

無極是靜，靜極生動則太極生，太極動靜則陰陽分。太極拳是靜中求動、動中求靜、動靜相兼的運動。無論是先求無極的靜中求動，還是行拳走架的動中求靜，無論是養生保健的靜養靈根，還是推手較技的以靜制動的後發制人，都離不開「動與靜」二字，它貫穿於太極拳運動的始終。

2. 對立統一

太極拳每個動作中的開合、虛實、動靜、柔剛的變化，都是既對立又統一的。一而二是陰陽，二而一是太極。兩者相互聯繫、相互依存、相互作用，使運動處於統一的整體之中。如上與下、左與右、前與後、內與外、進與退、升與降、屈與伸、順與逆、蓄與發等等，離開了對方，自己也就不存在了。所以，太極拳理論中強調「有前必有後，有上必有下，有左必有右，有內必有外」的對稱平衡的運動規律。

3. 相互轉化

陰和陽是矛盾的雙方，以各自的對立面為條件，互相影響、互相變化、互相滲透、互相調整、互助互用、互為其根。如太極拳中「欲上先下，欲左先右，欲前先後，欲開先合，欲合先開，化剛為柔，積柔成剛」。

一切事物轉換變化的過程，都是由量變到質變的過程。練習太極拳也是這樣，太極拳是意氣運動，由練拳時「三性歸一」式的意守丹田，便能產生靜極生動、動極生靜、練精化氣、練氣化神、練神還虛、意到氣到、氣到力到的練功效果。太極推手也是這樣，先由初期水準的「明勁」階段，轉化過渡到中級水準的「暗勁」階段，再轉化過渡到高級水準的化勁階段。功夫得以提高進步的過程，就是質量由量變到質變、精益求精的轉化過程。

綜上所述，太極拳由於包涵了以上幾個特點，所以，練習太極拳推手的過程就是調整陰陽、動靜、虛實、剛柔、快慢平衡的過程。它貫穿於太極拳推手運動始終。

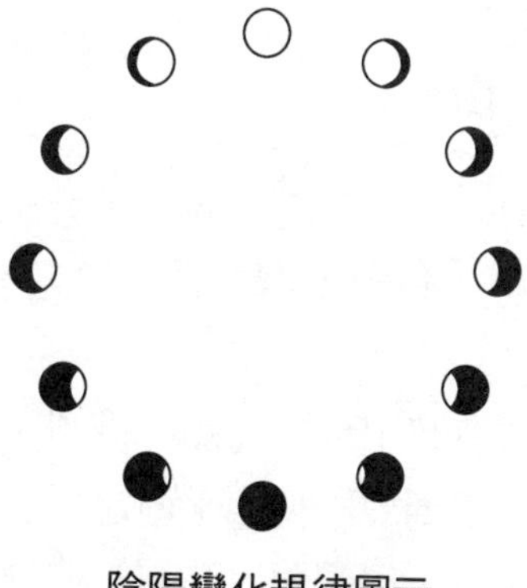

陰陽變化規律圖示

第二節　太極推手技擊時調整身體平衡的幾個規律

人體運動與物體平衡區別在於，人體運動中可以由調整肢體各部分的活動來維持平衡狀態，即使有超出了中正範圍的現象，也可透過調整身法、步法、手法，使之重新納入中正範圍之內。太極推手技擊時，通常採用調整保持身體平衡的方法有以下幾種：

1.穩定平衡

在力學上通常是用錐形體來表示的，把錐形體像塔一樣地放置正直，其圓形底面積平穩地放在地面上，尖端朝上，這時重心較低而處於正中，上輕下重，穩定性極佳，故稱「穩定平衡」。太極推手時的穩定平衡表現為：不論進退顧盼定，都能做到立身中正、不偏不倚、上下相隨、周身協調的相對穩定的狀態，均屬此類。

2.不穩定平衡

把錐形體顛倒過來，使之尖端朝下，底座朝上，只有立錐之地，頭重腳輕，只有不穩定的、極短暫的平衡，故稱「不穩定平衡」。

太極推手技擊有時出現的前傾、後仰、左歪右斜、身體處於失重的狀態下都屬於不穩定平衡之列。除了運用步法進行調整之外，還可以運用跨跳、彈蹦、旋轉等方法，使全身騰空，並爭取在落地時，使自己的身體重心重新調整到立身中正的範圍。這樣才能達到拳論所述「平衡之中有攻守，積極平衡，處處主動，消極平衡，處處被動」。

3. 依托平衡

用單向或雙向依托構成聯合底盤，以取得暫時平衡。例如，在公共汽車上，當遇到緊急情況剎車時，身體會隨慣性迅速向前傾斜，如不扶靠物體會站立不穩甚至跌倒，如手扶或身靠物體，身體又可重新恢復平衡。這就是依托平衡原理在日常生活中的一些表現。太極推手技擊時，有些技擊動作就是根據依托平衡原理來調整身體重新恢復平衡的。

例如，推手時當對方以捋勁的方法，將我身體重心牽引出了中正範圍時，身體迅速向前傾斜，在嚴重失重的狀態下，我運用步法迅速跟進，以肢體依靠在對方身體上的辦法，取得暫時平衡，之後，再用擠勁的方法轉守為攻，既能達到調整恢復自身的平衡狀態，又能達到技擊對方的目的。此方法就是依托平衡原理在太極推手技擊中的實際應用。

但是，運用依托平衡時，必須注意要應用得恰到好處，同時要提防對方「把拐棍撤掉」放空勁，造成自己發生跌撲的現象。

4. 撞碰平衡

指物體經過撞碰時，借用產生的反作用力，使之又恢復到平衡穩定的狀態。

太極推手技擊時，有些技術動作就是根據力學中的「撞碰平衡」原理，進行調節恢復保持身體平衡的。例如，對方以採勁的方法將我牽引落空，此時，我如能及時調整步法，順勢跟進，並向前撲推或衝撞對方，就能達到既恢復自身平衡、化險為夷，又積極主動進攻對方之目的。此方法就是撞碰原理在太極推手技擊中的實際應用。

5. 隨遇平衡

猶如球形物或把圓木棒橫放，不管它如何滾動，垂直線都不會越出體外，故稱「隨遇平衡」。有隨遇而安的意思。

力學原理使我們懂得，圓形承受力最大，受阻力最小，圓形運動可以改變外來力和自身力的角度和方向，還可以改變運動的速度。

練習太極拳和推手時強調的處處走弧形，動作要圓滿、靈活、不凹不凸、無有缺陷、不起棱角，一身備五弓、力撐八面和纏絲功的應用方法等等，都是圓形運動規律在太極拳中的實際應用。如當外力推來時，「以腰為軸」式的身軀可做向左右旋轉時的化勁；當發生跌撲情況時，可借用團身滾翻來防護自己，以調整到平衡狀態。螺旋纏繞式的纏絲功在推手中的運用，都是引用圓形運動規律原理「隨遇平衡」「隨遇而安」在太極推手中的實際應用。雖然形式上身體各部位的旋轉變化和兩腳隨機應變的轉換虛實與隨遇平衡有所不同，但卻有著相類似的實際效果。

調整身體平衡還必須具有對稱協調的內在質量，才不至於空洞無物、徒具形式。太極拳推手技擊對稱協調平衡的內在規律，可以總結為五個方面：

1. 意欲向上，必先寓下。

2. 意欲向左，必先右去。

3. 前去之中，必有後撐。

4. 上下左右，相吸相繫。

5. 對拉拔長，曲中求直。

這五個對稱協調平衡方面的規律，可運用於太極推手的動作中。但是，由於具體動作技術要領細緻複雜，學練的人不經過有經驗的老師親自示範和指導，是不容易摸索出來的。所以說，它的技術複雜難練之處，也正是它的引人入勝之處。

第三節　太極推手「以腰脊爲軸，一觸即旋的圓形運動」之理

太極拳理論中強調「以腰脊為軸，一觸即旋」，其理在於人體是由多軸線組成的，肢體的每一個環節都能做局部旋轉運動。纏絲功就是基於此理來調節身體各部位、各關節之間旋轉運動的。從整體的旋轉運動來講，可運用四種基本軸。

1. 縱　軸

從頭到腳，垂直貫穿於身體中央，即太極拳理論中強調

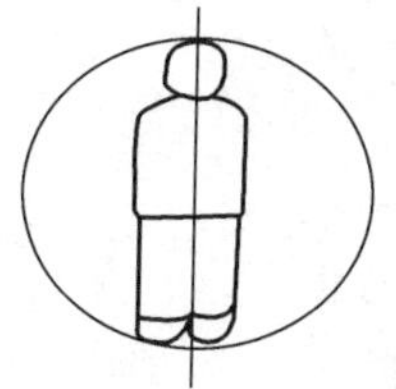

縱　軸

的「上下一條線」（中正線）。

2. 橫　軸

呈水平地貫穿於身體左右一線。橫軸是當前傾時用於前滾翻，當後仰時用於後滾翻，以此來進行身體調節，保持平衡。

橫　軸

3. 矢　軸

呈水平地直貫於身體的前後一線。用於向左右進行閃展騰挪時用。

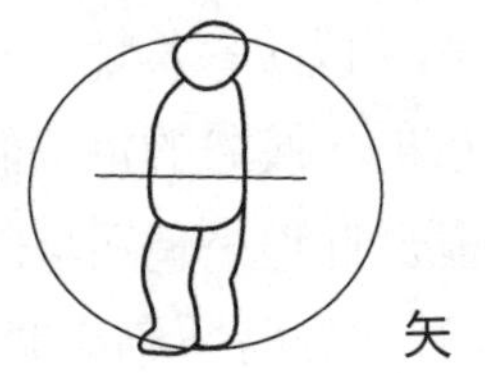

矢　軸

4. 副　軸

人體能夠做局部旋轉的軸。例如：頸、脊、腰、肩、肘、腕、胯、膝、足等等，稱之為「副軸」，在推手技擊時得以廣泛應用。

頸
肩
肘
腕
脊
腰
胯
膝
足

副　軸

首先，我們要弄懂軸的運動基理。軸是貫穿於旋轉物體的一條無形的直線，不管這個物體是否安裝了有形的軸（例如：電機、汽車、飛機等等），還是根本看不見的軸（例如：人體、動物、球形物、星球等等），只要它能旋轉，就必然有一根無形的軸貫穿在這個旋轉物體的中心。

凡是旋轉物體，不管它是在地面還是在空中，它至少要圍繞一個軸來旋轉，才能形成旋轉運動。在旋轉時，軸與周圍的旋轉體是成直角的。

太極推手技擊中，人在地面上呈水平旋轉時，軸通過人體的支點和重心，又稱之為「中軸」「垂直軸」或「立軸」。這個從頭到腳的中軸，正是在太極理論中反覆強調的「以腰脊為軸」。也是在練習太極推手技擊時運用最為廣泛的軸。運動中只要腰脊保持正直，中軸也隨之正直。這時腰的左旋右轉，以至做任何幅度的旋轉，都能穩定而得勁。

就像門軸一樣，軸的正直與否，直接影響關係到重力的平衡。如果中軸不正，立身必然歪斜，這樣人體便會處於不

以腰脊爲軸，一觸即旋

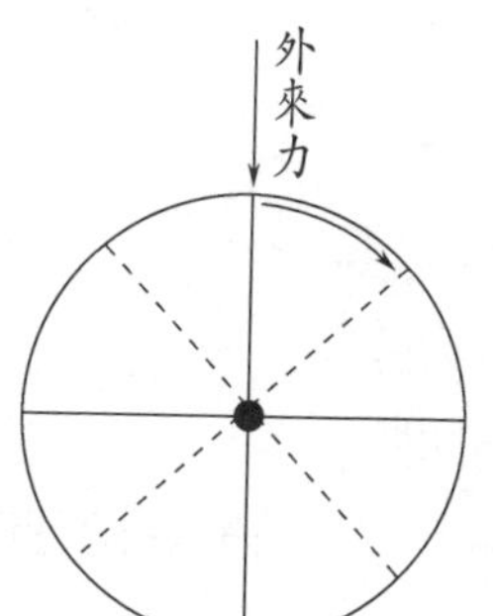

太極拳理論中強調的「上下一條線」。中正線即「中軸」

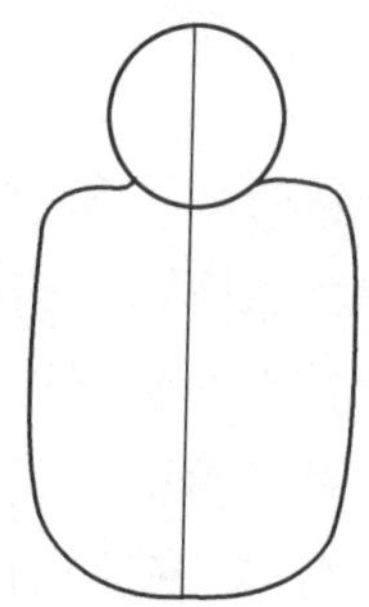

穩定不平衡的狀態中。自立不穩又何以進行對抗性的推手技擊呢？所以，太極拳理論中強調並重視「以腰脊為軸，一觸即旋」的圓形運動之理。

第四節　太極推手技擊「三道防線」與「三盤」的畫分

太極推手技擊進攻與防守的「三道防線」

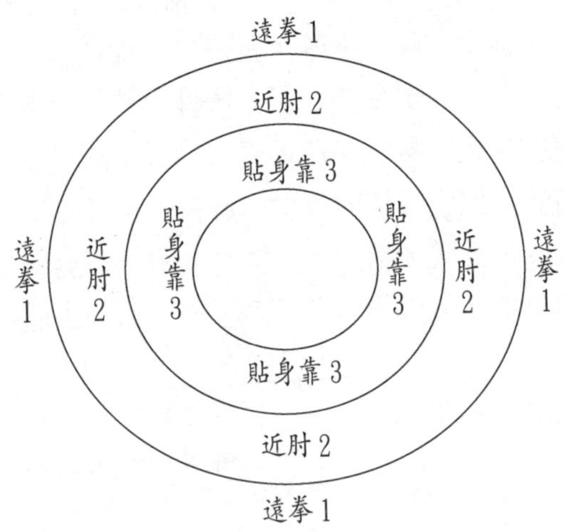

＊技擊與防守的第一道防線為「手與腳」。

＊技擊與防守的第二道防線為「肘與膝」。

＊技擊與防守的第三道防線為「肩與胯」。

太極理論稱「遠拳，近肘，貼身靠」。將技擊與防守的距離畫分為「三道防線」。

太極推手技擊「三盤」的畫分

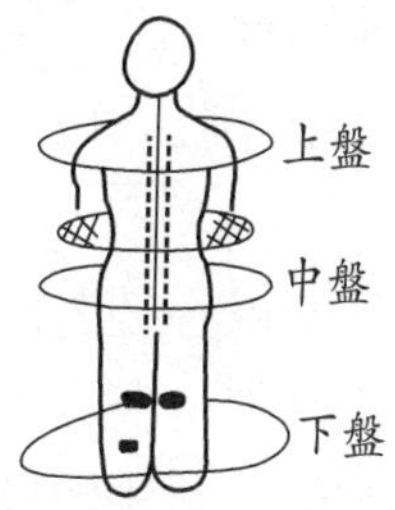

＊肩鎖關節連線以上為「上盤」。

＊肩鎖關節連線以下至肚臍一周以上為「中盤」。

＊肚臍以下至腳為「下盤」。

太極推手技擊理論中有「上盤主手法，中盤主身法，下盤主步法」「頭頂太極，身揣五行，腳踩八卦」之論。

第五節　「占中門」與「搶外門」

太極推手技擊時，無論是主動進攻還是防守反擊，均離不開占中門和搶外門兩種方法。中門即人體的中正線部位。占中門的好處是，可以占據有利位置，在主動進攻時，由於路線短，速度和力量相對迅猛，可使對方很難判斷、轉換變化，一旦察覺後為時已晚，大有防不勝防之勢。因此，能在短距離、短時間內行之有效地擊中對方，為克敵制勝創造有利的條件和戰機。

人體的要害部位大部分在身體中線位置上，正面攻擊，不僅能給對方重創，還能使對手很快失去搏擊能力。如進行防守反擊，對方首先向我正面進攻，不管他從哪個角度出拳，都會暴露出破綻，我在引化開對方進攻招術的同時，可從正面向他的空檔處迅速出擊，因正面進攻路線距離近，對手很難躲避。太極拳理論中「彼不動，我不動，彼欲動，我先行」就是這個道理。

對方出拳進攻時，身體重心必然會偏重於一側，如出右拳，身體重心在右側，左側則呈虛勢，此時應化右擊左；如出左拳，身體重心則在左側，右側便呈空虛，此時應化左擊右。根據以上情況，可採取避實擊虛、攻其不備、迅猛出擊，會起到事半功倍的效果。

以上說明與人推手技擊，對保護自身中正、進攻破壞對方中正的重要性。

還有腳踏中門方法也是搶占中門最為有效之方法。故有三分拳七分腿之論。腳踏中門一般以步法、身體占據有利地勢地形，來達到破壞對方中正、破壞對方重心的作用。進攻時如能上下配合一起搶占中門，有連根鏟起效果，不僅會大大削弱破壞對手的防衛反擊能力，還能使對手防不勝防、被動挨打。

所謂「外門，也稱之為「吃外」，即對方護衛自己的雙臂雙腿的兩側面。搶外門是指在對方已有準備、已守護了自己門戶、條件又優於我方時，採取變被動為主動的技術。例如，當對方一拳向我擊來，我引化開對方的勁力後，採取外繞側身上步，迂迴到對方的側面，即可避實而擊虛。而後出招擊敵虛弱處，必能取勝。

搶外門的目的是不與對手正面交鋒，這不僅有利於保護自己、攻擊對方，還可以使對方進攻無效、勁力落空，形成反背為順之勢。我攻彼易、彼攻我難正是太極拳引進落空、捨己從人、陰陽互變之理。

又如八卦掌技擊特點也非常注意「避正擊斜」，在與敵攻防中不從正面進攻，而是運用閃展騰挪的技法變化和身法的引化搶占對方外門，趁其背勢而擊之。搶占外門的另一特點是為了捨己從人、引進落空，達到順手牽羊的目的。以借力發力、搶占外門的另一優點是搶占成功後，對方的側面及後背必然暴露出來了，不擊則已，一擊必中。

與人交手，無論是採用進中門的打法還是搶外門的擊法，都必須因人因勢因形而異，即「有利當頭上，無利踩兩旁」。一般來講，如果對方體質較差，功夫一般，各種條件不如我，占下風時，我可採取進中門的打法，「腳踏中門襠裡鑽，上下齊進無遮攔」，這樣才能迅速戰勝對方。

如果對方身體強壯，功夫在我之上，技擊能力明顯占上風時，要運用搶占對手外門的戰術策略，避其鋒芒，搶占一側有利位置，給對方以重創，才會轉劣為優、以弱勝強、以巧取勝。

第六節　怎樣克服太極推手中的「丟偏頂抗」現象

首先，談一下推手時丟勁是怎樣形成的。兩個人推手時，任何一方由於黏沾不住對方的肢體或跟不上對方勁路的變化出現了與對方肢體與勁路相脫節的現象，即為「丟勁」。

例如，我引捋你勁向前行走，你卻偏偏不向前或原地不動，或硬是向後拖拉奪勁，以致兩個人相接部位出現了脫離、斷開的現象。肢體斷開的現象為「丟形」；跟不上對方勁路變化為「丟勁」，丟形也是丟勁的一種。丟勁是違背太極推手原理的，也就是沒有運用好沾連黏隨的技術方法。

怎樣克服「丟勁」的毛病呢？正確的推手方法應為：對方向前引捋我勁時，我應採取順其勢而行、順其勁而進的原則。你若向前引捋我一尺，我則順你勁而進一尺二寸或更多一些，這樣才能破開對方的勁路，處處走在對方前面，變被動為主動，使對方處於被動之勢。

推手時沒有運用好沾連黏隨的基本功，也是造成「丟勁」的重要原因。因為沾連黏隨是克服「丟勁」的一種行之有效的推手技術方法。透過長期練習，就可以從肌膚接觸和動作變換中體對方在意圖、方向、勁路上的變化是進還是退，是向左還是向右，是向上還是向下，是實勁還是虛勁，是問勁還是發勁等等。

黏沾在推手中是聽勁的重要方法。不懂黏沾即不懂聽勁。但是黏沾過緊，聽勁就相應差，反應也就不靈敏，就會犯僵滯而產生「頂」的毛病。黏沾得過鬆。又會犯丟勁的毛病。怎樣才能克服以上弊病而又在推手時掌握好火候呢？這就要求我們在推手過程中，兩形兩勁相順，做到彼不動我不動，彼微動我先行，在長期的實踐中摸索積累經驗。

在練習黏沾時要做到不拘任何形式，即不管對方的勁路和動作如何千變萬化，我都與對方緊緊黏住不離，迫使對方無法進招用招，有招有勁也使不上，而我則可以由黏沾的方法尋找對方勁路變化，尋找對方的破綻，尋找對方的力點，摸清對方的重心點，再隨化隨進，引動對方的重心落空後發之。即以靜制動，後發制人。

練習連隨時也要不拘任何形式，對方動作大，則我動作也大，對方動作小，則我動作也隨之而小。總之，不管對方採用任何角度、方向和線路等形式，我均應採用同樣的形式來進行黏沾連隨，以跟住對方勁路變化。正確地運用沾黏連隨的方法來變化勁路與方法，即為懂勁。

在推手中還應注意不要做一些毫無意義的盲目運動。比如：在對方肢體和勁路不動的情況下，有人不是隨對方勢動和勁路而行，而是為了沾黏纏絲而沒有目的地動起來，這樣的盲目運動，是沒有攻守意識的自動，極易給對方造成可乘之機。

在推手過程中出現的左右歪斜、前栽後仰不能使身體保持中正的情況統稱為「偏」。偏也是太極推手的主要病症之一。造成偏歪的原因主要是身體受力後整體或局部不能放鬆，氣不能沉入丹田，或對方推手時不懂化勁，而是以硬拙力相抗爭，力小的一方頂不住而自然形成偏歪現象。

怎樣克服和糾正偏歪呢？這就要求我們在推手時身體保持上下一條線，身體放鬆，氣沉丹田。身體不管在任何角度方向，都必須保持立身中正、全身放鬆、氣沉丹田。保持中正上下一條線是克服偏歪的一把尺子，以此來衡量對照自己是否做到了以上要求。如果真正做到了，就能在推手中保持中正不偏，使身體圓活、敏捷、輕靈、鬆沉。

推手時最忌低頭仰面、搖頭晃腦、精力不集中、左右歪斜。練拳有句行話叫：「低頭彎腰技術不高。」說明了不中正的要害。推手時運用各種招數時都應該保持中正、上下協調一致。

推手時怎樣才能做到身體放鬆、氣沉丹田呢？首先要求我們在精神意識不緊張的指導下，使身體各個器官、各功能系統肌肉關節處處都達到放鬆的要求。怎樣改正克服推手時自己身上的不鬆之處與不合之形呢？首先要做到外三合，再逐步達到內三合，最後達到內外合一。

心與意合、意與氣合、氣與力合為內三合。手與足合、肘與膝合、肩與胯合為外三合。內三合與外三合都是在長期習拳練功中形成的。總之，內外相合一動無有不動、一合無有不合，五臟百骸均在其中。

推手時的鬆與合也要辯證地看，也要有一定的限度，應該把放鬆與軟弱無力區分開。放鬆主要能起到關節靈活、氣沉丹田的作用。在放鬆的前提下合住勁後，才能隨機應變地提高敏捷、靈活的化發能力。如推手時看到對手身體高大、功夫好而造成精神上的緊張進而身體僵硬、肌肉緊張、動作遲緩、呆板，在這樣情況下受外來力的影響，極易形成偏歪頂抗。反之鬆得過多為懈，也是不對的，因為沒有掌握好尺度，所以要無過無不及。

在推手運動中，凡是運用沾黏連隨、引進落空和四兩撥千斤等技術，就是符合太極原理的；反之用拙僵力與對方勁相頂抗爭奪的勁是違背太極推手原理的，也就是犯有「頂抗」之病。

發生頂抗之病大致有以下幾個方面：

纏繞運化不夠、勁力不圓整、勁力變化少而慢、聽勁靈敏度差以及在雙重的情況下形成的頂抗之勢等等。

犯有頂抗者，大多因己力大於對手便想以實力來戰勝對手，從而忽視了發揮技巧的作用，這無形之中就形成了頂抗之勢。頂抗的角度一般在180°左右為頂勁。企圖以力取勝即為抗勁。在推手時出現的「頂牛」，就是抗勁所致。

怎樣克服頂抗的毛病呢？我們要在平常練習時注意加強纏繞運化的練功方法，力求勁力圓整，要提高聽勁的靈敏度來提高應變能力。

首先，要練習聽勁，由聽勁才能知道對方勁力的來龍去脈，逐步達到人不知我而我知人的技術，才能有效地以自己的虛點來尋找對方的實點。聽勁不僅耳聽眼看，更重要的是藉由自己的肢體與對方接觸時，利用皮膚的敏感觸覺來分析判斷來勁的運用方向、力量的大小。這種聽勁主要是在推手練習時逐步培養形成的，這是一種既敏捷輕靈而又沉重富有彈性及韌性的內勁，功夫越深，全身的觸覺也就越靈敏，全身的肌膚毫毛都在一呼一吸一開一合，體內產生了一種感應磁場，使皮膚的觸覺反應極強。皮膚的敏感聽勁形成後，會在大腦皮層形成相應的條件反射，隨即將對方來勁「化」開。這時就可以理解「一羽不能加，黏住不能走」的功夫了。練習聽勁是通往上乘功夫的階梯，要有「只要功夫深，鐵杵磨成針」的精神，才會練習並運用好聽勁。

練習纏絲功也是克服推手時發生頂抗病的有效方法，纏絲功是螺旋運動，是以內勁做旋轉來催動外形形成的圓形運動。

纏絲功大致分為裡纏、外纏、大纏、小纏、左纏、右纏、前纏、後纏、正纏、斜纏等等。歸納起來可分為兩種，一是順纏、二是逆纏。小指由上向下、拇指由下向上合為順纏，反之拇指由上向下、小指由下向上領勁為逆纏；肘關節向外開勁力向外走為逆纏、肘關節向裡合勁力向內走為順纏。不管是順纏或逆纏，推手時都要做螺旋式纏絲、伸縮，以形成圓形運動。因為圓形運動可以改變外來力和自身力的方向，還可以改變運動速度，在圓體的自轉中產生動力。

纏絲功能夠使全身內外一動無有不動，在同一時間內，綜合地完成神經、呼吸、循環、經絡、肌肉及五臟百骸系統的鍛鍊。堅持練習纏絲功可內練精氣神、外練筋骨皮，可以通經絡入骨髓氣達周身，形成一種混元氣，運用在推手上可以體現出環形運動，使頸、胸、腰、腹、臀、肩、肘、腕、胯、膝、足處處纏絲，使 18 個小球形成 1 個大的太極球，進而在推手技擊中能起到即纏即引、即纏即進、一動一太極的功夫。運轉自如後，定能隨心所欲，使彼如臨旋渦之中而我如同不倒翁，立於不敗之地。

所以說，纏絲功的運用是克服頂抗之病的重要功法，希望大家在推手實踐中認真體會並運用好這門技術，使推手水準有更進一步提高。

第七節　怎樣克服太極推手中的「雙重」現象

「雙重」一詞來源於太極術語，「雙重」顧名思義，是指太極推手時手法、身法、步法、陰陽、虛實、剛柔的變化沒有得到及時的調整，在一定的時間內產生「重量相等」的現象。太極推手時出現的「雙重」現象分析起來有以下幾種情況：

1. 兩手雙重；

2. 身軀雙重；

3. 雙腳雙重；

4. 兩力相抗；

5. 兩力相爭。

造成雙重的後果，必然是「以大力勝小力，以強勝弱」。這與太極拳理論中所強調的「捨己從人，引進落空，借勁使勁，以小力勝大力，以弱勝強，以巧取勝」等技擊原理是相違背的，是不能體現獨特的太極推手技擊特色的，與其他拳術的技法也無法區別。

太極理論中「偏沉則隨，雙重則滯」的論述，其意是對方用勁，我也相應地調整陰陽、虛實、剛柔的變化，把勁偏沉於一端，或左或右，或上或下，或由前向後運動，不與對方的實力相頂相抗，這樣就能保持勁路的相隨而暢通。反之，對方用勁，如我也以重力相抵抗，那便形成了「雙重」，這時勁路就會發生重滯而停頓了。

所謂「雙重則滯」，滯是滯頓、受阻的意思，推手時表現為雙方勁的通路受阻。如果把對方推手之勁比作流水，而我採用疏導引泄的方法，把它導引向我身體的一側，這樣激流就衝擊不到我身上來了。

同時，我利用物體運動重心慣性的原理，順著引化開對方勁的方向，乘機順勢借勁發放，必然會導致對方身體重心越出支撐面的中正範圍而出現失重或傾跌的現象。

這便是力學原理中所講，凡是力作用於物體，必須使物體受力才能起到推動物體的作用；反之，凡是不能使物體受力，就成了真正的不得力的「無用功」的一個例子。

太極推手時出現的兩力相頂、相抗的現象叫做「雙重」。而與對方勁力相反方向的硬拉、硬拖、造成「兩力相爭」的現象，則是「雙重」的又一種表現形式。

「兩力相爭」雖然方向相反，但拼力氣的道理是相同的，所以同屬於「雙重」範疇。「拉拖」用勁是指在推手時，在對方不動或向後掙的情況下，你偏偏向前硬拉、硬拖。因此，就不免像拔河運動一樣，出現相持不下的現象，而當一方突然鬆手時，另一方就會向後跌出。

太極推手就是利用這類物理原理現象，當遇到對方拉拖的情況時，不但不向後掙，相反順從地向前趨加力，這樣就能容易地使對方跌出，所以，太極推手必須符合「順人之勢，借勁使勁，捨己從人，引進落空」的原則。如推手者能夠當對方出現「雙重」的現象時，及時調整陰陽、虛實、剛柔的變化，乘機順勢借勁進行「引進落空合即出」，往往能「出手見效，以巧取勝」。

第三章

太極推手技擊要領

第一節　身　法

1. 立身中正　不偏不倚

太極之道即中庸之道，不偏不倚，無過無不及。拳雖小道，而本於太極正道。無論於內於外、於神於形、於體於用，凡一陰一陽都在擇中而行，一開一合都要擇中而運，一收一放都要由中而發，一虛一實都要居中而換，一動一靜都要從中而變，總之，都要以中和之道而行之，使全身上下中氣貫通，周身內外一氣流轉。立身中正不偏不倚不懼他人推倒，無過無不及則不犯頂、匾、丟、抗之病，中氣貫足則物來無不順應。

不偏不倚，無過無不及即為「中正」。推手在身法上的體現就是立身中正、無所偏倚。自頂而踵上下一線，周身內外左右平衡。其中以軀體的中正為主，四肢的中正雖為輔而又左右著軀體的中正。因此，中正是全身的中正。

人體有三節之分，上肢為梢節，軀體為中節，下肢為根節；全身又有五弓之備，兩臂是兩張弓，兩腿是兩張弓，軀體是一張弓。若能使三節貫穿成一節，五弓齊備而合一，以內氣相助，就能力撐八面，則全體中正不偏也。

其一在於「頭正項豎、虛領頂勁」。頭為六陽之首、一身之主。頭正則身軀自然中正端凝；項豎則腦後二大筋自然豎直，腦後二大筋間乃佐中氣上下流通之路；頂勁虛領則全體精神自然領起，中氣貫注神貫頂。虛者，虛虛領起，惟意思而已，不可過亦不可不及，過則氣留於腦中，不及則氣滯於胸中，久之皆成病。

其二在於「胸空腹實，上虛下實」。心要虛靜，胸要鬆空，心虛則胸空，胸空則橫膈膜下降，左右兩肋下沉，腹部自然充實；氣沉於丹田則上虛下實，上體鬆活圓轉，下體固若磐石，而又平心靜氣，則濁氣自然下降，清氣自然上升，清升濁降，陰陽分清。

其三在於「塌腰斂臀、脊柱豎直」。腰為上下體之樞紐，腰要鬆又要虛，腰能鬆虛而後能塌；塌腰又須斂臀，臀部不收斂便不能塌腰；斂臀勿忘提會陰，會陰上提下不漏氣；塌腰臀則腰勁下貫，上體虛，中部活，下體沉穩，全體之勁能合於丹田；斂臀則骶骨有力，尾閭中正，配合虛領頂勁，則脊柱自然豎直對準，後腰命門處自然開張，中氣貫於脊中，上自百會，下達會陰，如一線穿成，則身弓備也。

其四在於「兩肩鬆開，沉肩墜肘」。兩臂能否圓轉全在兩肩，肩為臂之樞紐，兩肩不能鬆開，則轉關不靈；兩肩應放鬆下垂，功久骨縫自開，兩臂如在肩上掛著一般。中氣貫注於兩肩骨縫之中，則能沉肩，由兩肩骨縫而行於兩肱之中，則兩臂沉著虛靈；沉肩必須墜肘，肘不下墜則肩不得沉，氣上浮而不得力，周身之勁合不住，且影響軀體之中正；墜肘有助沉肩，肩、肘、手三節能節節貫通，達於指梢則臂弓備也。

總而言之，無論兩臂兩手如何運轉，或上或下，或左或右，都要沉肩墜肘。

其五在於「坐胯屈膝，垂直相對」。兩腿的樞紐在兩胯。兩胯的重要性不僅如此。腰勁能否下貫，周身能否相合，上下能否相隨，中氣能否貫通，虛實能否轉換，一身能否中正，左右能否平準，皆在兩胯。胯和腰是相關聯的，言胯必及腰，言腰必及胯，所以稱「腰胯」。

首先，兩胯要鬆開，鬆開則圓襠，所謂開胯圓襠即此意。兩胯鬆開並非岔開，如兩胯骨縫不鬆開，則雖兩腿岔開襠仍不會圓。襠圓則回轉皆靈，上下亦能合住勁。又要鬆胯下坐，能坐胯則足能平實踏地而自然抓地，落氣到足底自然穩重如山。所謂「似坐非坐」即在此。足若不能平實踏地，則須從胯中調整。還要能落胯，坐胯為實，落胯為虛，能坐能落，有實有虛，有虛實自有中定，一身重心首繫於此，而後達於足底。

屈膝全在坐胯，胯能坐合自然能屈膝。切不可只屈膝不坐胯，屈膝的高度應由坐胯的程度來定，總須垂直相對，留有伸屈變化的餘地而轉動皆活。屈膝不可過，襠部、臀部低於膝部謂之過，膝尖超出足尖亦謂之過，過則有失中正，易受制於人；過則轉關不靈，無所適從；過則膝部受損，久之則成病；過則憋氣不通，難貫足底；過則勁路隔斷，不能完整一氣。

總而言之，中正不偏其實「非形跡之謂，乃神自然得中之謂也」。中氣貫於心腎之中，通於脊骨之中，行於四肢骨髓之中。心神中正則形體自然不偏不倚，運勁自然無過無不及，正時亦正，斜時亦正。譬如「擊地錘」定式，身形雖斜，然自頂而背而腿而足成一斜直線，中氣貫穿而斜中寓正。所以，中正不偏全在「以中心浩然之氣，運於全體，雖有時形體斜倚，而斜倚之中自有中正之氣以宰之」。上下一氣貫通，內氣一氣流轉，自然中正不偏。練習太極推手都要以此為準則。

2. 上下相隨　內外合一

太極推手是全身心的整體運動，講究意氣神形的高度統一，要求四肢百骸協調一致地服從大腦的指揮，一動無有不動，一合無有不合，使太極內勁能由足而腿而腰而脊而肩而手、完整一氣地節節貫通。要達到這一整體要求，就必須在習拳練功時，做到「上下相隨、內外合一、周身一家、混元一體」。當然，這不是一朝一夕所能做到的，須經過長期的、反覆的學習和研練才能達到。不可求速成，欲速則不達。

拳經云：「掤捋擠按須認真，上下相隨人難侵」，可見上下相隨的妙用和重要。上下相隨的意思是：以腰脊為聯繫上下體的主動軸，上於兩膊相繫，下於兩腿相隨，上下相隨則中間自然相隨。

上於兩膊相繫，其一在於兩臂之間須相繫；其二在於兩腿與兩臂相繫。其內涵就是一開全開，一合全合，開中有合，合中有開。兩臂相繫即肩與肩、肘與肘、手與手之間似有無形的牛筋（即意氣）相縛，左右相繫，對稱相連，互相吸引。如兩臂欲開而有難開之意，雖開而意氣不斷；兩臂欲合而有難合之勢，雖合而陰陽無間。

下於兩腿相隨，其一在於兩腿之間須相隨；其二在於上動下隨，下動上領。

其內涵就是上虛下實、上虛上實、虛中有實、實中有虛。兩腿之間相隨即左腿順纏時右腿逆纏，右腿順纏時左腿逆纏；左腿弓屈時右腿伸展，右腿弓屈時左腿伸展；左足實則右足虛，右足實則左足虛；左胯坐則右胯落，右胯坐則左胯落；左足進則右足跟，右足進則左足跟；左足後退右足隨，右足後退左足隨；前進則後虛，後退則前虛。上動下隨、下動上領即足隨手運、手領足行、上下一體、圓轉如珠。如：兩臂上掤時，兩腿要有下沉之意；兩手左捋時，兩腿則左順右逆纏絲隨之；兩手前擠時，兩腿則隨勢前弓後蹬；兩手下按時，兩腿則順勢坐胯屈膝下沉；若欲提腿則以手領之。

上下相隨，中間自然相隨，其一在於上下動而中間應，其二在於中間動而上下和。其內涵就是手動、足動、胸腹腰脊一齊動，手到足到身體到，一動無有不動，上下一氣貫通。

上下動而中間應，即胸腹腰脊隨手足動，其關鍵在於以胸腹腰脊的虛實、鬆活和中正為前提。仍以「掤、捋、擠、按」為例：兩手臂上掤時，兩腿坐胯下沉，則胸腹自然相開，上虛下實；兩手右捋時，右腿順左腿逆，則腰脊同時右轉，左右一氣流轉；兩手前擠時，兩腿前弓後蹬，則身體隨勢前擁；兩手下按時，兩腿坐胯屈膝，則胸腹相合，身體下沉，腰勁下貫。中間動而上下和即運化全在胸

腹 、轉關全憑腰脊，其關鍵在於以肩活為臂的轉關樞紐，以胯活為腿的轉關樞紐。胸腹一開，上下四肢皆開；胸腹一合，上下四肢皆合；身欲前去，上下齊去；身欲後退，上下都退；腰脊旋轉，上下無不轉。

總之，中間不動，上下不動，中間一動，上下齊動，陰陽分清；一上一下，上下相隨；一開一合，開合相承；一動一靜，動靜相因；一屈一伸，屈伸相宜；一虛一實，虛實相應，一左一右，左右相連；一內一外，內外相合。

上下相隨，內外合一，才能使太極推手運動周身一家。周身一家就是在上下相隨、內外合一的基礎上，使人體上、中、下三節總成一節，意氣神形融為一體，在心意的指導下，內氣在「總成一節」上下貫通，一氣流轉，纏繞運行，入於骨髓，出於骨縫，充於肌膚，達於四梢，循經走脈，通遍全身，周身一家。

由此可見，上下相隨內外合一是練習太極推手運動的又一規矩。

3. 虛實轉換　以腰爲軸

腰為一身之主宰，上下溝通之樞紐，左右轉換之中軸。腰既維繫著一身的中正和平衡（與胯相聯而言），又關係到中氣貫注、氣沉丹田、內氣出入和上虛下實（與脊相聯而言）。

所以，對腰部的地位和作用都非常重視，有的稱「命意源頭在腰際」「刻刻留心在腰間」；太極拳理論稱「主宰於腰」「轉關在腰」；「有不得力，必於腰腿求之」「緊要全在胸中腰間運化」，足見腰的重要。

太極推手的虛實轉換要以腰為軸，也就是一身的總虛實在腰。此處虛實分清，則全身的虛實得以分清；此處虛實不清，則全身虛實皆不清。

所謂「虛實宜分清」，首先指此處。如此處有雙重，則全身上下皆有雙重，所謂「雙重之病未悟」，首先是指腰部的雙重之病未悟。身法的虛實變換在腰，步法的虛實變換也在腰，手法的虛實變換還是在腰，所以說，一身的主宰在腰。虛實能分清中定自在其中。前進、後退、左顧、右盼、中定，此五行之中無不有虛實：前進則後虛；後退則前虛；左顧則左實；右盼則右實；中定者，定在虛實之中也。

轉換在腰首先就要鬆腰、塌腰和虛腰。腰能鬆能塌能虛則能活，活而能轉，轉而則靈。鬆腰的反面是收腰，腰椎骨節和肌腱筋韌能放鬆鬆開則不收；塌腰的反面是癟腰，腰部能鬆開下塌（配合斂臀）則不癟；虛腰的反面是束腰，虛者空也，腰部能不硬不軟、折中而得虛空則不束。收腰、癟腰和束腰都屬腰部緊張，故不為太極推手所取。

腰部若能放鬆鬆開，腹部亦能鬆，則腰腹鬆淨渾圓，既宜於氣沉丹田，又利於氣行帶脈。配合鬆胯、坐胯和圓襠，則腰勁下貫，兩股有力，氣沉足底，下盤穩固，上虛而下實。

要塌腰須斂臀，能斂臀則能塌腰。塌腰斂臂自然尾閭中正、骶骨有力，後腰命門自然鬆開，配合會陰內收和頂勁虛領，則脊椎自然豎直，中氣貫於脊中，上下一線穿成，上下前後皆能合住勁，轉動時自然無所偏倚。

太極推手是由「轉腰」來變換虛實、轉換重心的，而不是「不轉腰」的變換虛實和平移重心。「轉」與「不轉」要分清，此處是關鍵。不轉腰就不能虛實互換，不轉腰就不能上下相隨，不轉腰就不能周身纏絲，不轉腰就不能勁由內換；推手較技時，就無法引進落空、沾黏連隨、捨己從人，必然處處被動，時時受制於人。所以，虛實轉換以腰為軸是太極推手的又一規矩。

4.三節四梢　五弓六合

練習太極推手技擊，須知身法中有三節、四梢、五弓、六合之分。

三節：

指的是人體有「上、中、下」三節之分，又有「梢、中、根」三節之分。而「上、中、下」又各有「上、中、下」之分。「梢、中、根」中又有「梢、中、根」之分。三三共為九節。

(一) 頭為梢節，胸為中節，下丹田為根節。這是身軀三節，即中三節。

(二) 手為梢節，肘為中節，肩為根節。這是臂三節，即梢三節。

(三) 足為梢節，膝為中節，胯為根節。這是腿三節，即根三節。

九節之中各有其竅：

(一) 中三節三竅：上丹田為梢節竅，中丹田為中節竅，下丹田為根節竅。

(二) 梢三節三竅：肩井是根節竅，曲池是中節竅，勞宮是梢節竅。

(三)根三節三竅：環跳是根節竅，犢鼻是中節竅，湧泉是梢節竅。

練功時在意念的指導下循經走竅，節節放鬆節節貫通。運動起來其要點是：起、隨、追三字。即從梢節起，中節隨，根節追。如臂動、身隨、腿追；手動、肘隨、肩追；腳動、膝隨、胯追。使內氣運行於三節，達至於四梢，統歸於五行，貫注於九竅。全身內外、上下、左右、梢、中、根、節節貫通總成一節。歸於一氣，表裡合一，入於骨髓出於骨縫，經丹竅貫經穴通遍周身。

四梢：

指的是人體的四個末梢，即髮為血梢（指毛髮、汗毛孔），指為筋梢（手指、腳趾之筋），舌為肉梢，齒為骨梢。四梢能一齊發動起來的具體表現為：髮欲衝冠，指欲透骨，舌欲催齒，牙欲斷金。

除此之外，心、膽、氣還須配合，心一動，氣自丹田而出，四梢齊發動，膽量能穩定，五行必合。拳譜云：「氣至丹田而去，如虎之恨，如龍之警。氣發而為聲，聲隨手發，手隨聲落，一枝動而百枝搖，四梢齊動鬼神驚。」此說明的是四梢能發動，是練拳或推手達到了有功夫時內功發動的表現。

五弓：

指的是身軀猶如一張弓，兩手為兩張弓，兩足為兩張弓。五弓合一，即為全身的整體勁，「靜如山岳，動若江河」，能蓄能發，滔滔不絕。「身似弓身勁如箭」，即是指的「五弓合一」。

身弓以腰為弓把，臍後腰脊命門穴始終以意貫注，中定而不偏倚搖擺，放勁時命門穴須往後撐。啞門（頸椎第一節）和尾閭骨為弓梢，上下對稱，調節動度，加強其蓄吸之勢。

手弓以肘為弓把，以意貫注於肘節，使沉著鬆靜而有定向。手腕和項下鎖骨為弓梢，弓梢必須固定，前後對稱；手在鬆柔靈活中用坐腕來固定；鎖骨用意來固定，不使偏倚搖擺；鎖骨管著兩手的動向，鎖骨的固定是兩手固定的前提。

足弓以膝為弓把，胯骨與足跟為弓梢。足弓備，則膝節有力而微前挺，胯骨鬆沉而後撐，足根下沉而勁往上翻，腰腿之勁自然相順相隨。「有上必有下，有前必有後，有左必有右」，相反相成，對拉勻稱，這樣就能做到勁起腳跟，主宰於腰，通於脊背，形於手指。

五弓以身弓為主，手弓、足弓為輔，是以腰為軸，上於兩膊相繫，下於兩腿相隨；上下相隨，中間自然相隨。練拳或推手時每變化一勢，須檢查是否五弓具備，是否形成「八面支撐」的蓄勢。

六合：

指的是內三合與外三合的總稱。何為內三合？其意是：心與意合、意與氣合、氣與勁合。而心與目合、脾與肉合、肺與膚合、腎與骨合、肝與筋合又稱內合。

何為外三合？其意是：手與足合、肘與膝合、肩與胯合，而頭與手合、手與身合、身與步合又稱外合。總之，內外合一，上下相隨，周身一家，渾然一體。

第二節　手　法

太極理論所述「手隨心意，法從手出」之意，指的是太極推手技擊時手法的千變萬化。但是，萬變不離其宗，都是由基本掌型——掌、拳、鈎組合而成的。

掌

太極推手技擊時掌法的變化有多種形式，有平掌、立掌、側掌、托掌、反掌、垂掌、分掌、合掌、陰陽掌等等掌型。掌握運用好掌法的基本原則是練習好掌法的關鍵。例如：當手掌向前運動時，要做到以肩催肘、以肘催手，氣貫三節達於梢，意氣力形內外合一；當手掌由左向右或由右向左運動時，要以手領腰、以腰帶手；練習推掌發勁時，「要起於腳，通於腿，行於脊，達於手」。手臂要屈而不直，保持蓄勢，以待發應變。但要注意，膝蓋不能超過腳尖，過則失去身體重心，不能保持中正之勢。掌握好以上掌法的運行規律是練習好掌法的基本功。

拳

太極拳的握拳形式，同其他拳種的一般握拳形式一樣，即四指併攏，用中指尖帶領其他手指一齊捲曲，先指尖貼掌心，再拇指肚貼於中指中段上握成拳形。所不同的是太極拳握拳不宜太緊，要掌握好鬆而不散、緊而不僵的原則，要有團聚其氣之意念。

拳在發勁動作時，也僅在落點一瞬間才把拳握緊迅速擊出，擊後便立即鬆握。這種擊拳形式，有利用發勁時的力量集中。其意義有三：

一、有利內氣返回丹田。

二、有效防止對方擒拿。

三、放鬆後可防止對方反攻，以利再戰。

鈎

太極拳中的鈎手是練習腕力和指力的方法，其主要作用是刁拿，屬於擒拿中的一種方法。在太極推手技擊時刁拿住對方的肩、肘、手、頭、項、腰、胯、膝、足等關節要害部位，使其進入死角狀態而不能進行轉換變化。鈎手有抓筋、拿脈、點穴、截氣、斷勁的作用和功效。使被刁拿者有痛徹肺腑、深透入骨之感，進而喪失反抗能力束手被擒。鈎手刁拿法與擊、打、摔、放等技術綜合應用，則能更加體現出太極推手技擊的威力。

刁拿技術運用純熟巧妙時，可有效地把握住手法變化的速度、輕重、角度上的分寸等等因素，推手技擊時要根據對方所承受力的大小施用，方能有效減少傷害事故。雖然武術各派對刁拿都有所闡述，但太極拳對此研究與運用更有獨到之處。

第三節　步　法

步法步型是身體重心保持平衡狀態的根基，根基不

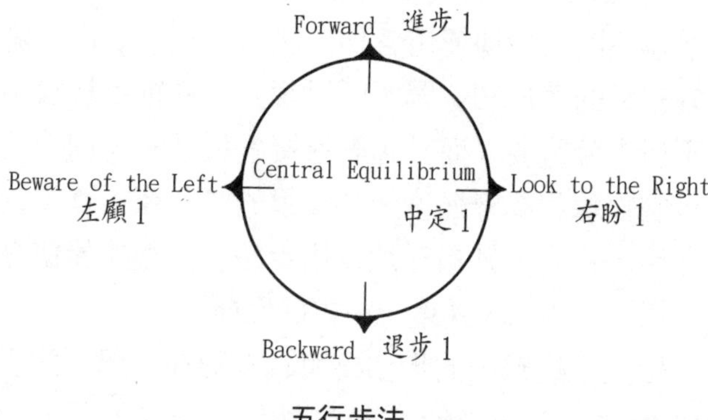

五行步法

穩，稍有偏差，步法步型必亂。步法是下肢變化的動作，是固定身體重心的姿勢。太極推手技擊時，動作的靈活或遲滯完全取決於步法是否正確。太極理論中所述「千變萬化由我運，下體兩足定根基」，說明了步法步型的重要作用。

太極推手技擊對步法的要求是，前進後退變化時要以「足隨手」運動為主。虛實要分明，身腰隨著轉換。向左向右變化步法時要以「手隨足」運動為主。步走弧型，邁步要輕靈，落步要穩健。不可拖泥帶水，中定或原地變化時，要分清陰陽虛實，不要過於填實，以保持虛靈狀態。

總之，各種步法定步時要陰陽相配、虛實分明，切忌前後腿站在一條線上，是立身中正、身體保持平衡狀態的保證。這樣進退左右變化時，靈活方便，姿勢穩當，易放鬆不緊張。太極推手技擊的步法總是以進退方便、敏捷，站立穩當、立身中正為原則。

太極推手技擊時的步法變化，既有進退顧盼定，又有閃展騰挪和竄蹦跳躍之法。技擊時不論是接近對方進行攻擊，或是躲閃對方的攻擊，雙方都在不停地變化運動之中，都在不斷巧妙地運用各種步法、步型。使自己隨時隨地處於有利的地形和位置，所以說，太極推手技擊中步法步型不但十分重要，而且起著連接各種拳式、創造技擊條件、控制攻擊和防守速度、為技擊的勝利贏得寶貴的時間等等作用。只有巧妙靈活地運用步法、步型才能使身法、手法、招法、內功、速度……更好發揮。

太極推手技擊中的步法要與戰術聯在一起，運用靈活多變的步法，忽東忽西，忽左忽右，忽進忽退，行左實右，行東就西，真真假假，虛虛實實的步法變化，猶如對方進入迷魂陣中而不辨其方向，將對方的思維、招法攪亂，使對手不戰自亂。

有些人在太極推手技擊時不會靈活巧妙地運用步法，只知直進直退，因此，常處於被動的局面。

太極術語中「有利當頭上，無利踩兩旁」，講的即是步法在技擊時靈活多變的巧妙運用。因此，我們在日常練習太極推手技擊時，應特別注意進退顧盼定、閃展騰挪、竄蹦跳躍、起落時的步型、步法及使用的時間是否做到了恰到「火候」等等。

還要體會「彼不動，我不動，彼微動，我先行」在步法上的應用。如果我們能巧妙地將一些步法綜合在一起隨勢而用，總結出一套在太極推手技擊中進攻和防禦有規律的組合步法，取得最佳的進攻和退卻路線，即攻則疾，退則速，閃則靈，形式多樣，變化萬千，就能積極主動而立於不敗之地。

太極推手技擊的主要步法

1. 進步

常用於乘勢進攻時的步法。（圖 3-1）

2. 退步

有揚長避短、以守待攻的特點。（圖 3-2）

3. 前弓步

運用於進攻中配合「發勁」時的步法。（圖 3-3）

4. 後坐步

常用於以守轉攻中配合「化勁」時的步法。（圖 3-4）

圖 3-1

圖 3-2

圖 3-3

圖 3–4

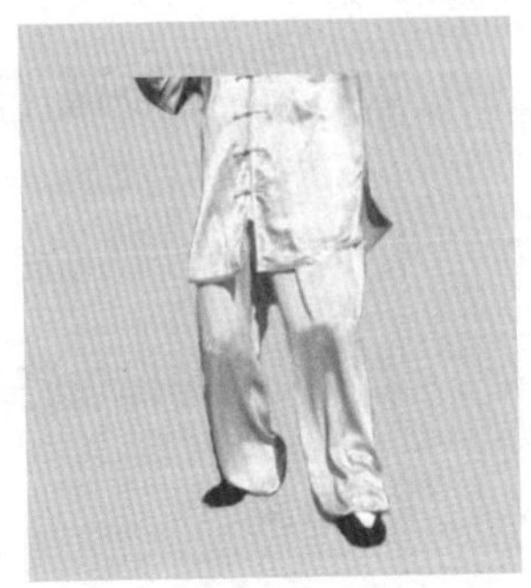

圖 3–5

5. 跟步

找出對方的破綻後，迅速跟進，運用於「有利當頭上」時的步法。（圖 3-5）

6. 虛步

有虛實分明、轉化變化快的特點，常用於「瞻前顧後，左右逢源」、左顧右盼中定時的步法。（圖 3-6）

7. 換步

以換步的方法，調整保持身體重心處於穩定平衡、立身中正的狀態。（圖 3-7-①、3-7-②）

圖 3–6

8. 獨立步

上下配合一起攻擊的步法。

圖 3-7-①

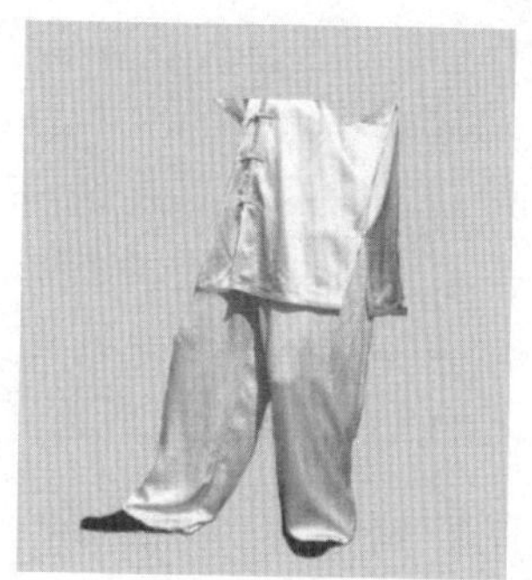

圖 3-7-②

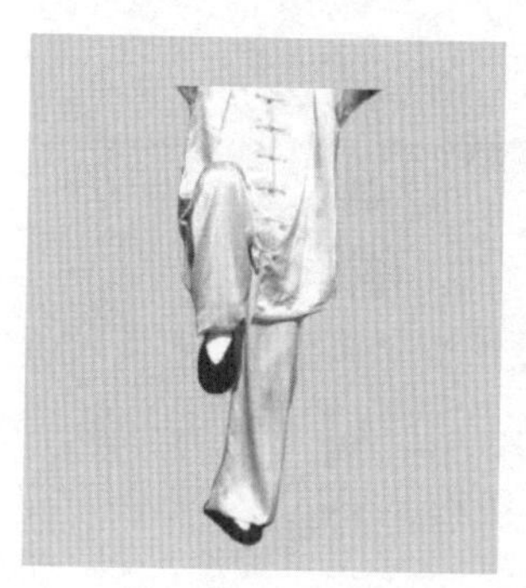

圖 3-8

圖 3-9

（圖 3-8）

9. 仆步

從對方下盤位置進攻時的步法。（圖 3-9）

10. 繞步

有避實擊虛、揚長避短的特點，常用於「有利當頭

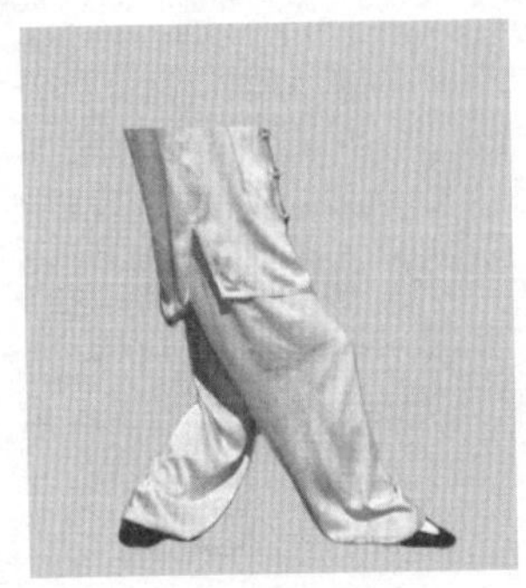
圖 3–10–①

圖 3–10–②

上，無利踩兩旁」迂迴進攻時的步法。（圖 3-10-①、3-10-②）

圖 3–11

11. 上竄步

用於破解對方的攔截腿、掃蹚腿之用。（圖 3-11）

12. 跳越步

常用於乘勝追擊和跨越障礙時的步法。（圖 3-12）

注意事項

1. 兩腳不要前後站在同一條豎線上，以免左右歪斜。（圖 3-13）

2. 兩腳不要平行站在同一條橫線上，以免前傾後跌。（圖 3-14）

圖 3–12

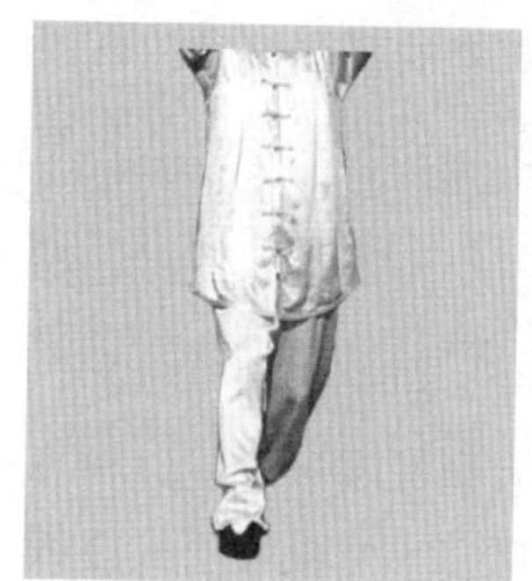

圖 3–13

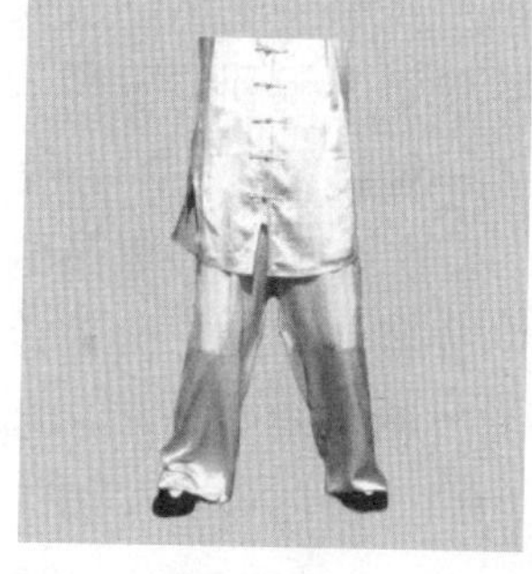

圖 3–14

3. 實腿膝蓋不要超越腳尖（特殊動作除外），以免身體前傾失重。

4. 兩大腿不要低於膝蓋，以免折斷勁；兩腿不要過於沉重填實，以免出現「雙重」現象。（圖 3-15）

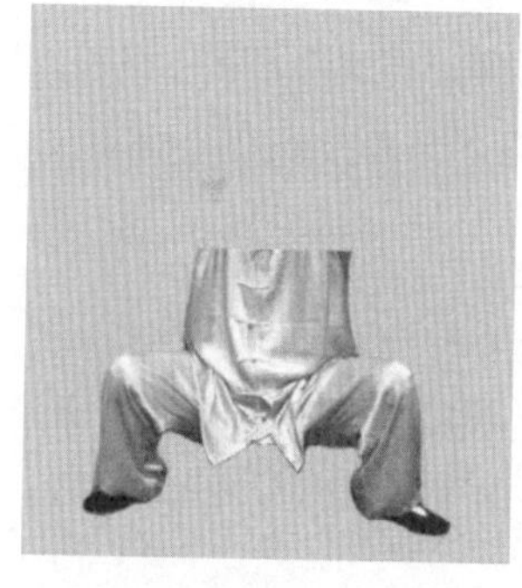

圖 3–15

第四節　眼　法

太極推手時全憑眼力方能「知曉敵情」、捕捉戰機、克敵制勝。眼睛素有「心靈的窗戶」之稱，人心靈、情感、動作上的變化，都是在心理活動支配下由眼神傳遞出來的。所謂「心為元帥，眼為先鋒，耳為偵探，腳似戰馬，手似刀槍」「眼觀六路，耳聽八方」等都是形容太極推手技擊時眼法的重要作用。訓練有素的武術家常以威嚴的氣質、銳利的眼神，使對方從心理上受到威懾，進而產生一種畏懼膽怯的心理。

太極推手技擊時的「眼神」就是一場「心理戰」。心理素質的好壞，決定攻防技能的發揮，只有具備良好的心理素質，眼法中的一些變化運用得恰到好處，才能以真真假假、虛虛實實、看上打下、看左打右、聲東擊西的技戰術麻痺誘惑對方，進而贏得時間，乘虛而入，取得勝利。

第四章

身體各部位纏絲功練習方法

第一節　頭　部

1.轉頭

【動作】：無極起勢。兩腳與肩同寬而立，眼睛平視，頭部均勻緩和地向左右轉動。頭肩保持平直，身體自然放鬆，自然呼吸。如此反覆練習。（圖4-1、4-2）

【意守部位】：上丹田，位於兩眉頭之間祖竅穴。

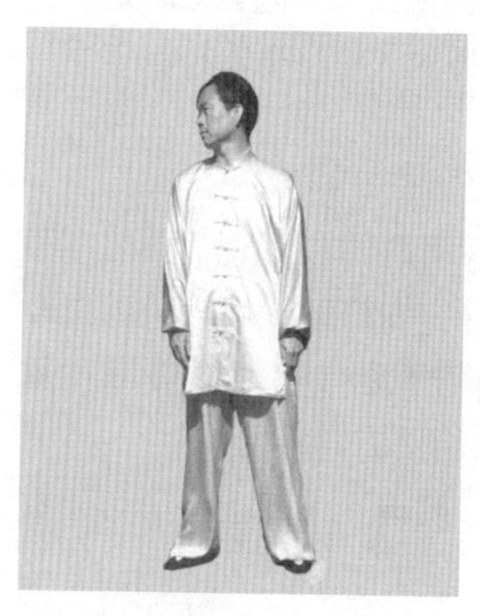

圖4-1

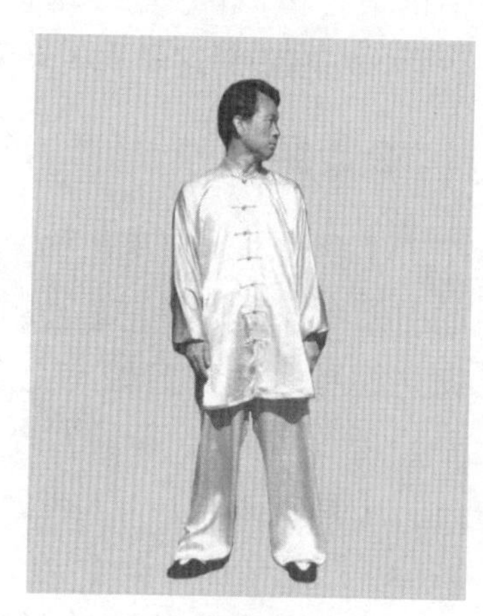

圖4-2

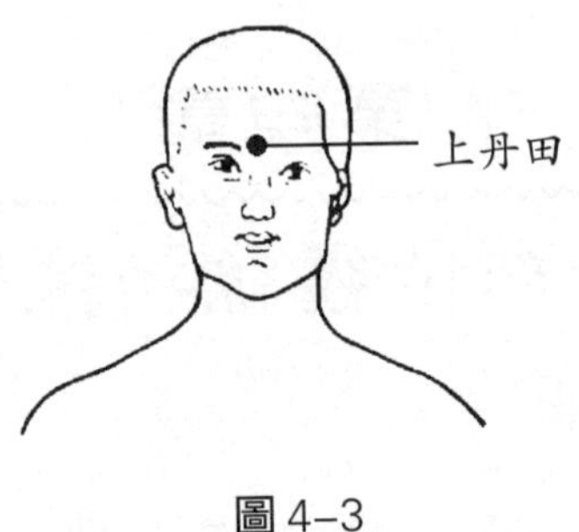

圖 4–3

（圖 4-3）

【功效】：有清腦怡神、改善大腦血液循環和供氧能力之功效。

【提示】：練功者如患有高血壓、頭昏、頭痛等病症，不宜守上丹田時，可以取消意守上丹田的意念，只練習動作；如有不適，可改練其他動作。

頭部姿勢的正確與否是練習好太極推手動作和保持立身中正「上下一條線」的關鍵。姿勢正確，才能有效防止前俯後仰、左右歪斜之弊病，高度發揮對人體平衡的控制作用。

2.旋頸

【動作】：無極起勢。兩腳與肩同寬而立，頸部在頭的引領下，由前後左右沿順時針方向旋轉。轉動時動作要均勻緩和、連貫自如，上身相隨而動，自然呼吸。（圖 4-4、4-5）如此反覆練習後，做相反方向練習。

【意守部位】：大椎穴。位於後正中線上，第七頸椎棘突下凹陷中。（圖 4-6）

【功效】：經常練習頸部纏絲功，有利於頸關節鬆

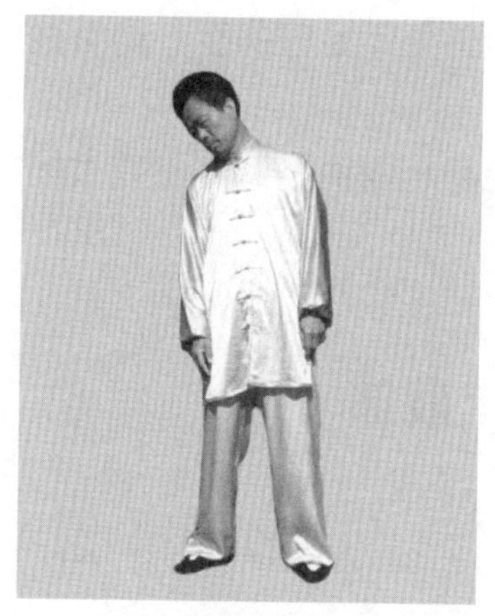

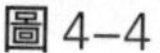

圖 4–4

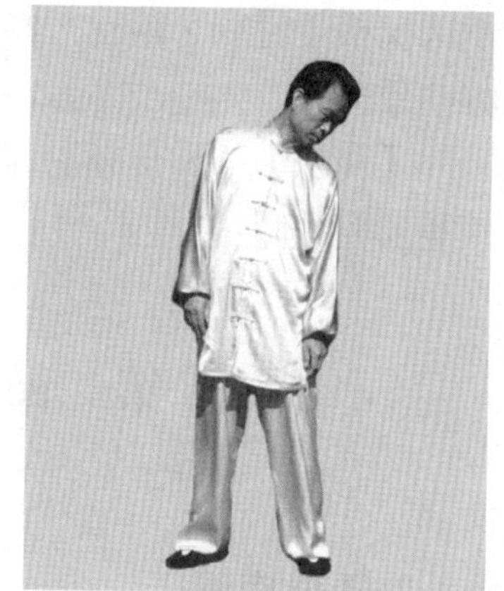

圖 4–5

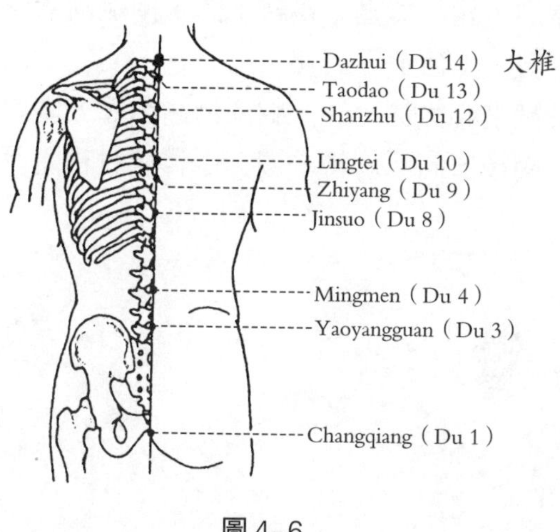

圖 4–6

開，加大擴展「以頸為軸」的活動範圍，提高頸關節「一觸即旋」改變勁力方向的靈活性，提高此部位的抗擊打能力，還有改善頸部氣血運行能力之功效。對於頸部疼痛、肌肉緊張、骨刺、落枕、腦供血供氧不足等病症，均有良好功效。

【提示】：做旋頸動作、上身相隨而動時，不要大幅度地前俯後仰。

第二節　上肢部

1.雙肩旋轉

【動作】：無極起勢。兩腳與肩同寬而立，兩手虛握拳於體兩側，隨身體重心緩緩下降，兩腿漸漸屈蹲，同時含胸、沉肩。（圖 4-7、4-8）

隨身體重心徐徐上升，胸部漸漸凸起，兩肩圓活地由前向上、向後、向下旋轉一圈，兩臂屈肘相隨而動，自然

圖 4-7

圖 4-8

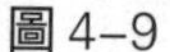

圖 4–9

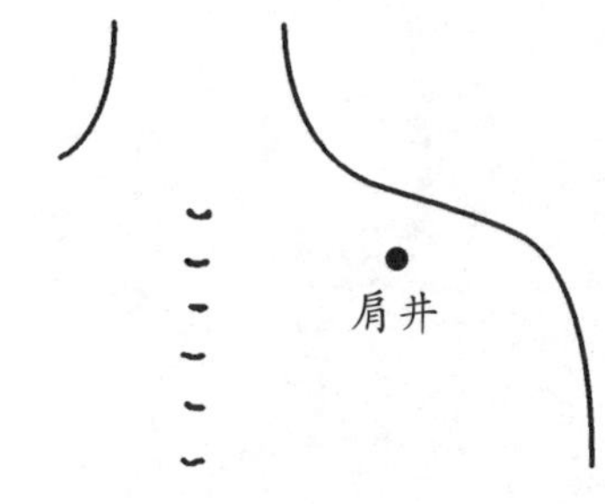

圖 4–10

呼吸。如此反覆練習後，再向相反方向練習。（圖 4-9）

【意守部位】：肩井穴，位於肩上，前直乳中，大椎與肩峰端連線的中點上。（圖 4-10）

【功效】：經常練習肩部纏絲功，有利於肩關節鬆開，加大擴展「以肩為軸」的活動範圍；提高肩關節「一觸即旋」改變勁力方向的靈活性；增強此部位化勁、發勁動作的有效率和抗擊打能力；改善肩部氣血運行能力，並對肩周炎、肩痛、胳膊不能上舉等病症有明顯功效。

此外，練習纏絲功能提高骨的承受力和韌帶強度，加強關節之間的穩定性，加大活動範圍；還能增強分泌骨液，滑潤、滋養關節、軟骨；緩解骨質疏鬆，預防提前老化；緩解肌肉緊張狀態，增大肌肉的伸展性，增強肌肉的彈性；促進提高局部血管、淋巴管、經絡的氣血循環運行能力，有利於增強局部的營養吸收和調節新陳代謝功能。

【提示】：練習身體各部位的纏絲功動作均具有以上

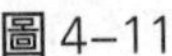
圖4–11

圖4–12

功效。

肩部的纏絲功還有左右單肩練習、單臂旋轉等練習方法。

2.雙肘開合纏絲

【動作】：無極起勢。兩腳比肩略寬而立，兩腿屈膝下蹲，身體重心相隨緩緩下降。同時上身含胸收腹，兩手握拳相合於腹前。（圖 4-11、4-12）

然後，隨兩臂屈肘相開，由前向上、向後、向下旋轉一周，身體重心隨之升降，自然呼吸。如此反覆練習後，再向相反方向旋轉。

【意守部位】：曲池穴。位於肘橫紋外側端，屈肘，當尺澤與肱骨外上髁連線中點。（圖 4-13）

【功效】：經常練習肘部纏絲功，有利於肘關節鬆開，加大擴展「以肘為軸」的活動範圍；提高肘關節「一觸即旋」改變勁力方向的靈活性；增強此部位化勁與發勁動作的有效率和抗擊打能力；改善肘部氣血運行能力；並對肘痛、關節炎、胳膊不能上舉等病症有明顯功效。

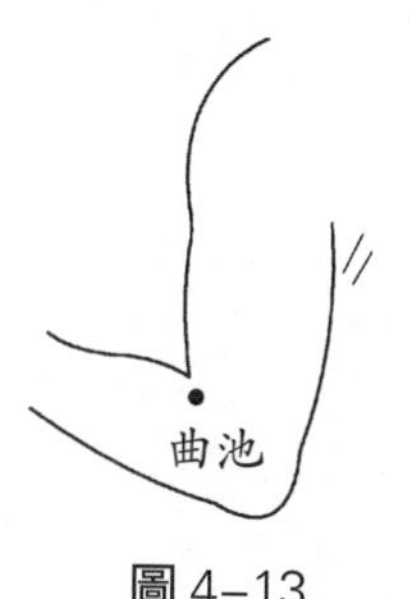

圖 4–13

【提示】：太極拳理論中有「肘不貼肋」的論述，練習肘部纏絲功時要注意肘與肋之間要保持一拳左右的距離。

肘部的纏絲功還有左右肘單勢練習、前後左右定向練習等方法。

3.雙手搖旋

【動作】：無極起勢。兩腳與肩同寬而立，兩臂緩緩向前抬起，兩手以腕為軸，由裡向外旋轉一周，自然呼吸。如此反覆練習後，再向相反方向旋轉。（圖 4-14、4-15）

圖 4–14

圖 4–15

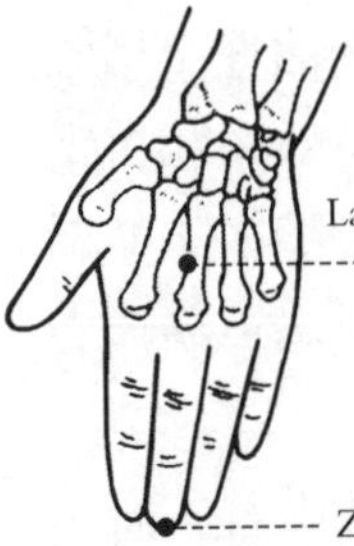

Laogong（P8）
勞宮
Zhongchong（P9）

圖 4–16

【意守部位】：勞宮穴，位於手掌心，當第二、三掌骨之間偏於第三掌骨，握拳屈指時中指尖處。（圖 4-16）

【功效】：經常練習手腕部纏絲功，有利於手腕關節鬆開，加大擴展「以手腕為軸」的活動範圍；提高手腕關節「一觸即旋」改變勁力方向的靈活性；增強此部位化勁與發勁動作的有效率和抗擊打能力及手腕的擒拿與反擒拿之技能，並有改善手腕部氣血運行能力之功效。

手部的勞宮穴是練習氣功的重要穴位。手又是手三陽經和手三陰經起始連接處，練習纏絲功時的意守勞宮穴和螺旋纏繞的手部動作，能有效促進氣達手部梢節，使手部的六經之氣順暢循經走脈之功效。

【提示】：手部纏絲功還有左右單手練習等方法。

4.雙臂左右螺旋纏絲

【動作】：無極起勢。左腿向左側橫邁一大步，重心降至在右腿。吸氣時，左手引領胳膊在身體前左側旋轉一周；呼氣時，左手貼著左肋向下穿行，順左腿而下達至腳面，手心向上。（圖 4-17、4-18）

圖 4-17

圖 4-18

圖 4-19

圖 4-20

然後，身體重心由右腿過渡到左腿。吸氣時，右手引領胳膊在身體前右側旋轉一周；呼氣時，右手貼著右肋向下穿行，順右腿而下達至腳面，手心向上。如此反覆練習。（圖 4-19、4-20）

【意守部位】：勞宮穴。

【功效】：意到氣到，氣到動作到，內外合一，氣貫三節。提高胳膊整體的防守與技擊功能。

【提示】：練習胳膊的纏絲功方法還有：左右臂螺旋纏絲，雙臂順逆纏絲，左右臂順逆纏絲，雙臂斜開合纏絲和前後、上下螺旋纏絲等方法。

第三節　軀幹部

1.旋胸

【動作】：無極起勢。右腿向前邁一步，身體重心在右腿，左胸部由前向後旋轉；身體重心由右腿轉換到左腿，左胳膊與腰部相隨而動，自然呼吸；如此反覆練習後，再換左腿練習旋右胸動作。（圖 4-21、4-22、4-23）

【意守部位】：膻中穴。位於胸部前正中線上第 4 肋間隙。（圖 4-24）

【功效】：提高胸部「一觸即旋」改變勁力方向的靈活性，增強此部位化勁與發勁動作的有效率和擒拿及抗擊打能力，促進胸部氣血運行。

膻中穴在胸正中，為陰經交會之所，是練習氣功的重要穴位。意守膻中穴，可促進五臟陰經之氣交流順暢，強健五臟功能。

【提示】：心肺合居胸中，心主血，肺主氣，是全身氣血運行的動力。胸部旋轉式開合，可使胸腔開闊，增強

圖 4–21

圖 4–22

圖 4–23

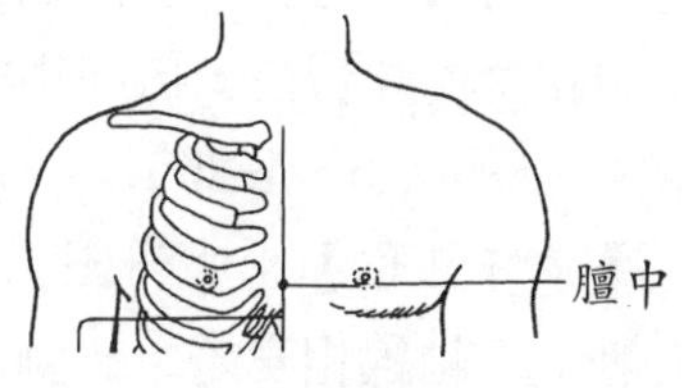

圖 4–24

肺臟的呼吸深度。同時，還可以減少對心臟的壓力，有利於心臟功能的發揮。

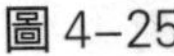

圖 4–25

圖 4–26

2.轉腹

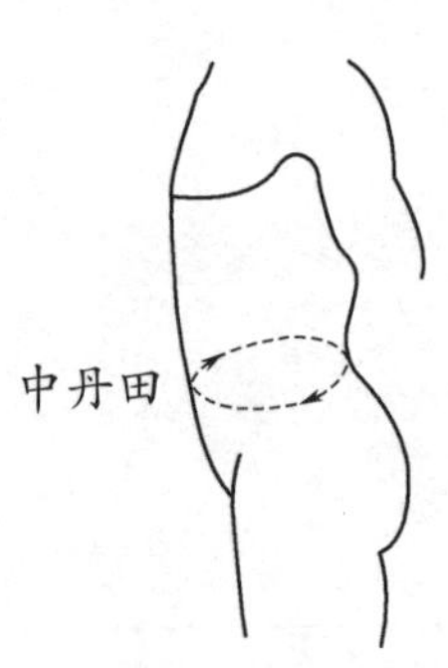

圖 4–27

【動作】：無極起勢。兩腳與肩同寬而立，雙手臂自然鬆垂，雙眼輕閉，三性歸一，內視中丹田。靜守片刻後，以手領腹由右向左旋轉一周，身體重心相隨而動，在兩腿之間轉換。如此反覆練習後，再向相反方向旋轉。（圖 4-25、4-26）

【意守部位】：中丹田。位於膻中和夾脊處前後連線與人體上下軸線相交處。（圖 4-27）

【功效】：提高腹部「一觸即旋」改變勁力方向的靈活性，增強此部位化勁與發勁動作的有效率和擒拿及抗擊打能力，促進腹部氣血運行。

中丹田是練習氣功的重要穴位，三性歸一、意守中丹

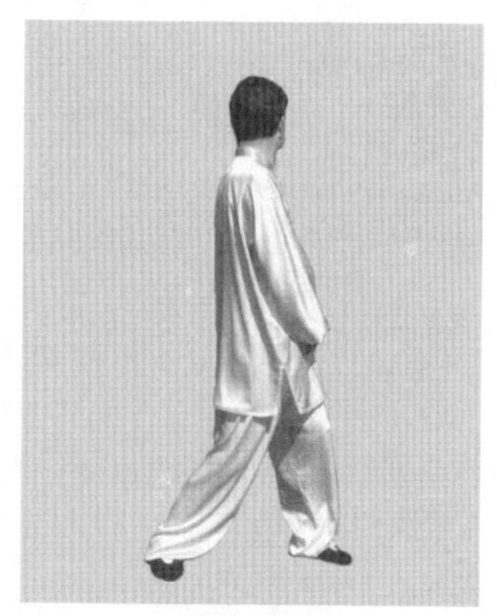

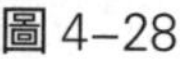

圖 4–28

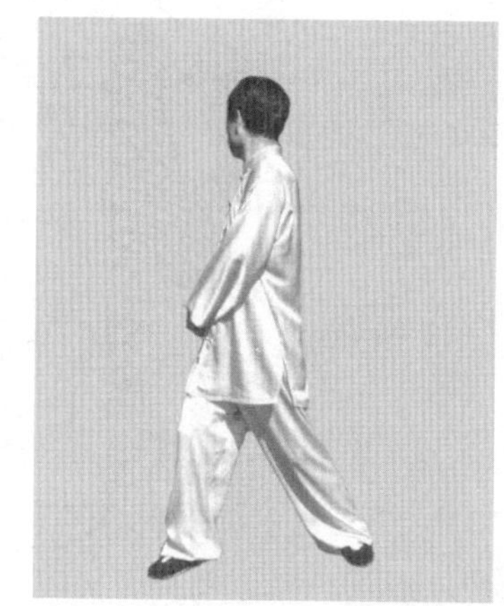

圖 4–29

田與轉腹的動作相配合練習達到一定「火候」，就會體驗到中丹田內氣似流水一樣相隨而動。日積月累後，有積氣成丹，似球狀物隨轉腹動作而旋轉，進而達到內外合一、表裡一致的修練境界。

【提示】：轉腹式的按摩動作，不僅促進了胃腸蠕動，又能增強消化、吸收和調節新陳代謝等功能。

3.轉脊

【動作】：無極起勢。兩腳比肩略寬而立，身軀以肩為軸，盡量向左後、右後旋轉。兩手臂隨身軀轉動時而自然擺動，身體重心隨之轉換。（圖 4-28、4-29）

【意守部位】：身柱穴。位於背部，後正中線上，第三胸椎棘突下凹陷中。（圖 4-30）

【功效】：有利於脊關節鬆開，加大擴展「以脊為軸」的活動範圍，提高脊關節「一觸即旋」改變勁力方向

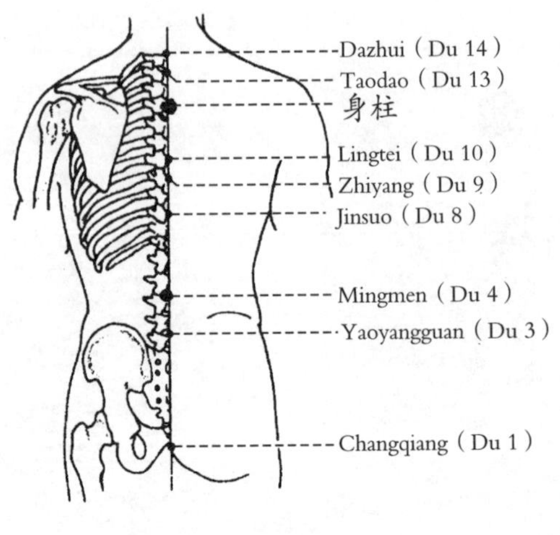

圖 4–30

的靈活性，增強此部位化勁與發勁動作的有效率和抗擊打能力，促進脊部氣血運行。對腎氣虧損、腰痛、腰椎勞損、腰椎間盤突出等病症均有良好功效。

【提示】：練習旋脊動作時，由於肌肉的收縮和呈螺旋式的升降，日久會有一種「節節貫穿、氣貼於背、力由脊發」的感覺。而練習太極推手，就是由腰部旋轉變化產生離心力而推動內氣貫注於四肢梢節的。這種感覺要在「三性歸一」的鬆靜狀態下才能出現。由於練功時的意守使精神意念集中，會逐步產生「氣斂入骨入髓」的感覺，從而起到調整神經系統和增強體質的作用。

4.轉腰

【動作】：無極起勢。兩腳比肩略寬而立，兩腿屈膝，身體重心下降，兩臂屈肘抬至身體兩側前方，相距 80 公分左右，雙手握拳，拳心相對，以拳領腰，以腰帶拳，

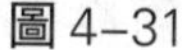

圖 4–31

圖 4–32

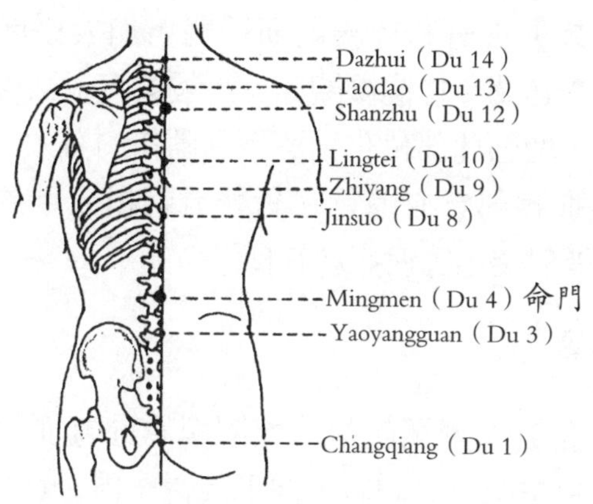

圖 4–33

向左右旋轉，兩眼隨雙拳運動方向而視。自然呼吸。如此反覆練習。（圖 4-31、4-32）

【意守部位】：命門穴。位於腰部，當後正中線上，第二腰椎脊突下凹陷中。（圖 4-33）

圖 4–34

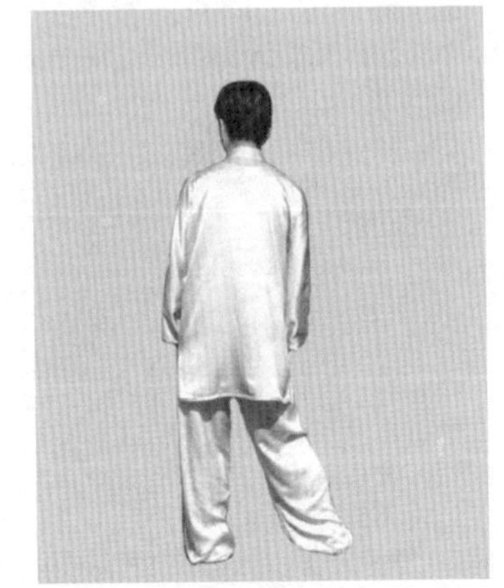
圖 4–35

【功效】：有利於腰關節鬆開，加大擴展「以腰為軸」的活動範圍，提高腰關節「一觸即旋」改變勁力方向的靈活性，增強此部位化勁與發勁動作的有效率和抗擊打能力，促進腰部氣血運行。對腎氣虧損、腰痛、腰椎勞損、腰椎間盤突出等病症均有良好功效。

5.轉臀

【動作】：無極起勢。雙腳與肩同寬而立，雙腿微屈，臀部由左向上、向右、向下旋轉一周。身體重心隨之轉換。如此反覆練習後，再換方向練習。（圖 4-34、4-35）

【意守部位】：長強穴。位於尾骨端下，當尾骨端與肛門連線的中點處。（圖 4-36）

【功效】：提高此部位化勁與發勁動作的有效率和抗擊打能力，促進臀部氣血運行。

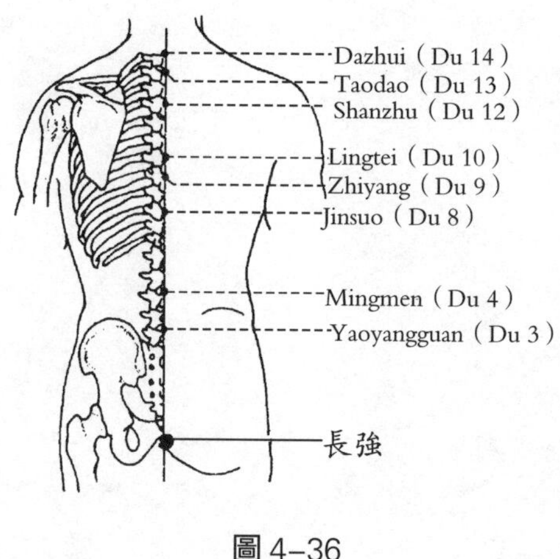

圖 4–36

【提示】：臀部的生理構造是微向外凸的。如果在練習太極推手時過於外凸，必彎腰低頭，故太極拳理論提出「斂臀」的要求。轉臀的動作有利於「斂臀」和「氣沉丹田」。

第四節　下肢部

1.雙胯搖旋

【動作】：無極起勢。兩腳與肩同寬而立，雙腿微屈，胯部由左向後、向右、向前平行旋轉一周。身體重心隨之轉換。自然呼吸。如此反覆練習後，再換方向練習。（圖 4-37、4-38）

【意守部位】：環跳穴。位於股外側部，當股骨大轉子最凸點與骶管裂孔連線的外 1／3 和中 1／3 交點處。

圖 4–37

圖 4–38

（圖 4–39）

【功效】：有利於胯關節鬆開，加大擴展「以胯為軸」的活動範圍，提高胯關節「一觸即旋」改變勁力方向的靈活性，增強此部位化勁與發勁動作的有效率和抗擊打能力，促進胯部氣血運行。

圖 4–39

【提示】：胯關節是調整腰腿的關鍵，胯是腰腿的轉關之外，關節不鬆開就不靈活，腰腿就很難相順相隨，可見胯關節的重要性。以腰為軸心轉動時，骨盤也連帶轉動，因此，轉腰實際上是轉腰胯。

2. 雙膝纏絲

【動作】：無極起勢。兩腳併攏，兩腿屈膝半蹲，兩手按放在兩膝蓋上，兩膝做順時針方向旋轉。自然呼吸。

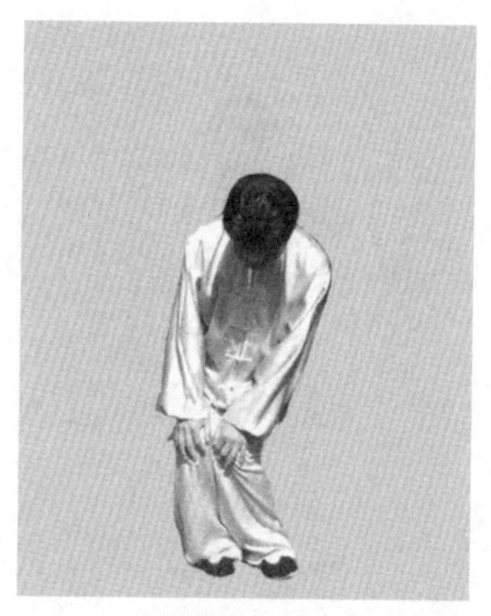
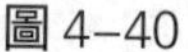

圖 4–40

圖 4–41

如此反覆練習後，再向相反方向旋轉。（圖 4-40、4-41）

【意守部位】：犢鼻穴。位於髕骨與髕韌帶外側凹陷中。（圖 4-42）

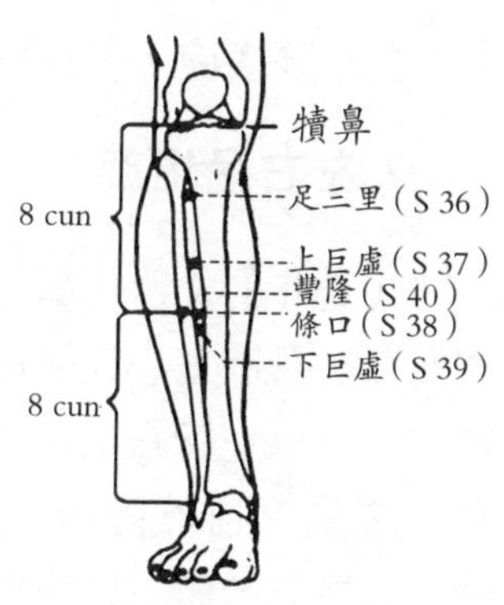

圖 4–42

【功效】：有利於膝關節鬆開，加大擴展「以膝為軸」的活動範圍，提高膝關節「一觸即旋」改變勁力方向的靈活性，增強此部位化勁與發勁動作的有效率和抗擊打能力，促進膝部氣血運行，對膝痛、關節炎、行走不便等病症均有良好功效。

【提示】：腿部支撐著全身的重量，因而膝關節負擔最大。為保持身法中正、雙膝靈活有力，膝關節不宜超出

圖 4-43

圖 4-44

腳尖（特殊動作除外）。膝部纏絲功還有：左右膝搖旋、右右膝纏絲等方法。

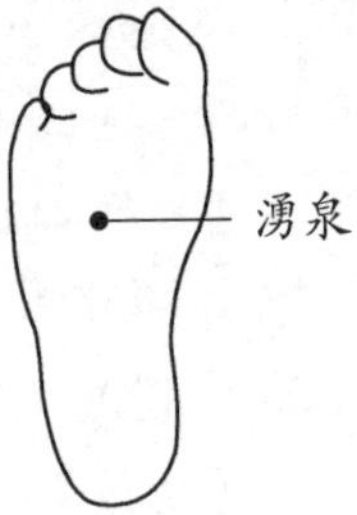

3.左右足搖旋

【動作】：無極起勢。兩腳與肩同寬而立，身體重心先過渡到右腿，腳尖裡扣；再以左腳跟為軸，腳尖向外撇做左足搖旋。自然呼吸。如此反覆練習後，再換方向做右足搖旋。（圖 4-43、4-44）

湧泉

圖 4-45

【意守部位】：湧泉穴。位於足心前 1／3 凹陷處。（圖 4-45）

【功效】：有利於足踝關節鬆開，加大擴展「以足踝為軸」的活動範圍，提高腰關節「一觸即旋」改變勁力方向的靈活性，增強此部位化勁與發勁動作的有效率和抗擊打能力，促進足踝部氣血運行。

湧泉穴是練習氣功的重要穴位，足又是足三陽經和足三陰經的起始點連接線。練功時意守湧泉穴，能起到改善促進氣達足部梢節、使足部六經之氣順暢地循經走脈之功效。

【提示】：足為步型、步法和支撐全身的根基。動作的靈活和遲滯完全取決於步法是否正確。太極推手是以調整步法來支持和調節全身處於穩定平衡狀態的。所以，練習好足部纏絲功至為重要。

4.左右纏絲蹬腿

【動作】：無極起勢。兩手臂自然鬆垂，身體重心先過渡到右腿，左腿呈螺旋纏繞屈膝上提收於右膝旁，眼觀左前方。此時為吸；隨即胯關節外展，左腿向左前方蹬出，此時為呼。再做右纏絲蹬腿，要領相同。（圖 4-46、4-47、4-48、4-49）

圖 4-46

圖 4-47

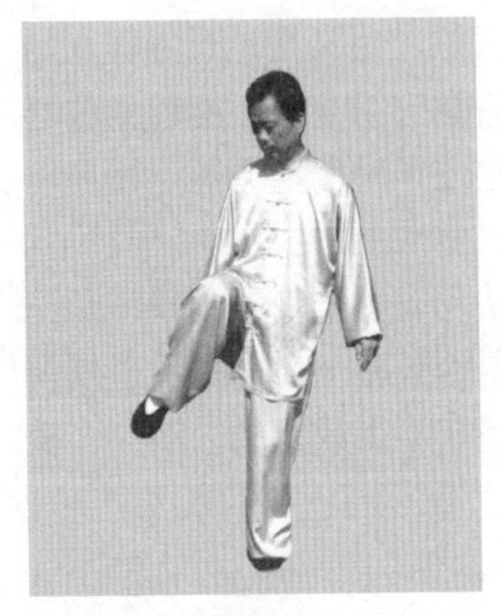
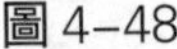
圖 4–48

圖 4–49

【意守部位】：湧泉穴。

【功效】：意到氣到，氣到力到，氣貫三節。尤對腿腳寒冷、關節炎、行走不便等症狀，均有良好功效。並能加大擴展腿的活動範圍，提高腿法技擊和防守的有效率。

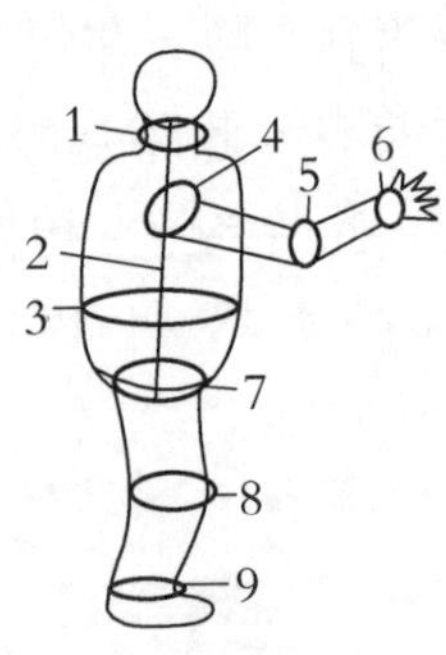

「九曲如珠」
圖 4–50

【提示】：腿的旋轉弧形動作，在技擊作用上能起到攔截套腿、鈎腳、蹬膝關節、踩臁骨等作用。

太極拳理論「行氣如九曲如珠」，指的就是人體的「頸、脊、腰、肩、肘、手、胯、膝、足」部位。（圖 4-50）

第五章

太極內功修練法

太極拳是內家拳，特別注重內功的修練，以功為本的思想貫穿太極推手運動始終。拳諺述「練拳不練功，到老一場空」「力不敵法，法不敵功」，講的就是修練內功的重要性。所以，「抓住丹田練內功」，是求學太極推手的根本所在，也是修練太極功夫各項內容中重點的核心。

內功的實質就是意氣相合、神氣合一，內功的物質基礎是精、氣、神。內功的質量取決於習練者本身的精、氣、神的質量。所以，欲提高內功，應先從培養壯大精、氣、神入手。精足則氣足，氣足則神旺，神旺則形全。要以養為主，養練結合，這是修練功夫的內涵。要氣氣歸根，根在丹田。這是修練丹田的要訣。

抓住丹田練內功就是以心為主宰，開合、收放、出入皆在丹田。想開時主動，則氣出丹田運行四肢；想合時主靜，則氣由四梢歸合於丹田；前進時氣由命門湧向肚臍，後退則氣由肚臍引至命門；左旋時丹田左轉，氣沿帶脈左轉圈，右轉時丹田右轉，氣沿帶脈右轉圈；中定時，則上、中、下三丹田中氣貫通。周身纏絲旋繞皆與丹田內轉相合「抓住丹田練內功」是修太極推手重點中的核心，意念的開合收放、動作的開合收放、呼吸的開合收放都要相連配合丹田的開合收放。所以，抓住丹田練內功是練習太極拳推手的根本所在，也是練功之捷徑。

修練丹田還要會練會養。所謂養，即以養氣、養精、養神為首要。練功十年，養氣十年。氣以直養而無害，久養形成浩然正氣。氣足則神旺，神入身則長生，念止神來，念動神離，心靜則神寧，靜心能養神。所以，練習內功時，心要靜，靜了才能養精、養氣、養神，才能三性歸一地意守丹田練內功。

求學太極內功時動作宜慢不宜快，慢練能養氣，所以練功須從無極始緩慢而動，至收功結束時，默默停止。形似潺潺流水，又似和煦春風，柔順和緩，沉穩兼備。每招每式均要緩慢：開展時緩慢，沉合時緩慢，一起一落緩慢。總之，心靜慢練，方能引動內氣於體內緩緩而行，使意氣相合、神形合一，順其自然之勢，達至物我兩忘之境。待丹田內氣修練至充實飽滿以後，會感到腹內似有一球狀物隨太極推手發勁動作前後鼓蕩。慢動則慢旋，快動則快旋。旋轉陰面時為引空，陽面為進擊，丹田球旋轉一擊即為引進落空的全過程。正可謂化中有發、發中有化、一動一太極。修練內功達到此水準後，方可真正進入到內外合一、表裡一致的高深境界。

第一節　預備功

1.無極起勢

兩腳平行與肩同寬，頭正項直，百會朝天，兩目垂簾，含光默默，輕合齒唇，舌抵上腭，沉肩墜肘，兩腋虛空，兩臂自然下垂，雙肘微屈，含胸拔背，鬆腰塌胯，兩膝微屈，全身放鬆，呼吸自然，排除雜念，頭腦清空，心意專一。

「練功須從無極始，陰陽開合認真求」。本功法中每變換一個功法動作都須從無極起勢開始，在以後的功法動作講解時只稱「無極起勢」，不再重複內容。（圖 5-1）

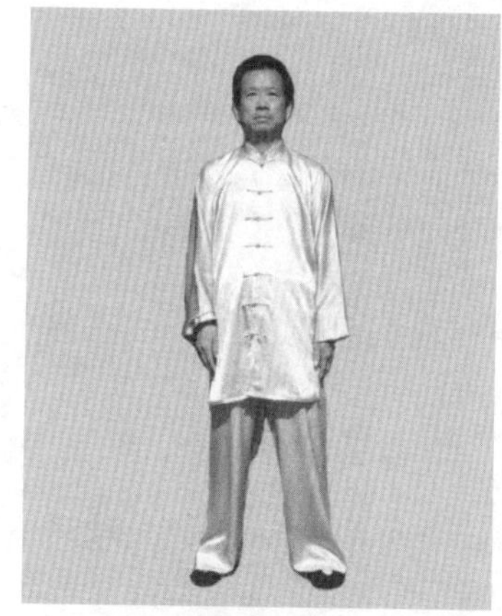

圖 5–1

2.降氣洗臟功

動作一：無極起勢。雙手從身體兩側徐徐上抬至頭上部，至胳膊自然伸直，雙手與肩同寬，雙手心相對，此時為吸。（圖 5-2、5-3）

圖 5–2

圖 5–3

圖 5–4

圖 5–5

動作二：雙手相合，十指相對，手心向下，於頭上方處緩緩下降，經臉、胸、腹回到初始動作，此時為呼。如此反覆練習。（圖 5-4、5-5）

【意念】：意想引自然之氣與自身內氣相合為一，似雨露般自上而下涓涓流淌，由表及裡沖洗四肢百骸五臟六腑。若身體某部位、臟腑器官有病，意念到達該部位時稍停一停，然後隨意念導引將體內不好的病氣從腳底湧泉穴排出。降氣時舌抵下腭，微張小口，向外緩緩呼氣，要做到均勻深長。意想將肺內濁氣病氣從口中排出。

【意守部位】：湧泉穴，位於腳心 1／3 凹陷處。

【功效】：清洗五臟六腑，去濁留清，疏通經絡，固本培元。本功法對上盛下虛、血壓高、頭昏、頭痛、肝氣盛、失眠等病症功效尤佳，習後有清腦怡神明目之感。

【提示】：此動作是練習內功時首先必須做的第一步功法。

第二節　採氣功

1.採自然界氣

動作一：無極起勢。左腳向前邁一步，雙手徐徐抬起向身前方與肩同寬，胳膊自然伸直，身體重心由右腿過渡到左腿，目視遠方。此時為呼。（圖 5-6、5-7）

動作二：由雙掌變成輕握拳，緩緩向後收回至中丹田處，身體重心隨之由左腿過渡到右腿，兩目由遠而近內收至內視中丹田。此時為吸。略停片刻後，再做下一次採收，如此反覆練習後，再換腿練習。（圖 5-8、5-9①②）

【意守部位】：中丹田。

【意念】：心意、呼吸、目光及動作配合一致，意想

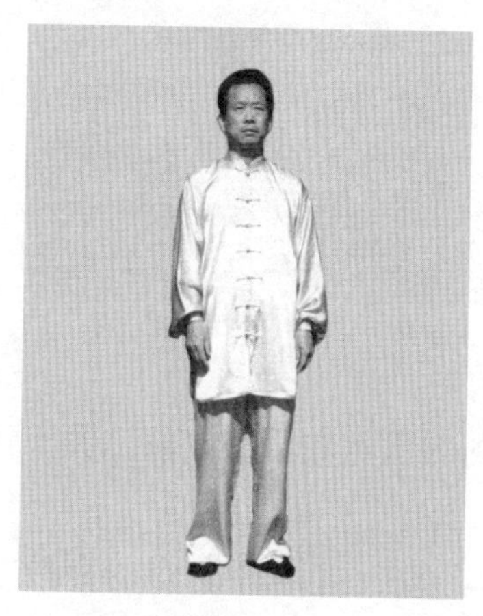
圖 5-6

圖 5-7

圖 5–8

圖 5–9–①

圖 5–9–②

通過手採、目收、呼吸將採收到的自然界精華之氣源源不斷地收歸於中丹田。

【功效】：培養充實丹田之氣。透過練功時的深呼吸，吸入清新之氣，吐出臟腑濁氣。可達到加強和改善肺功能的作用，使肺部新陳代謝功能增強，增多血液中的氧氣，提高蓄氧能力。因肺主一身之氣，肺朝百脈，故又能起到推動氣血在全身的運行。

【提示】：採收自然界之氣適合於每個練習者，一年四季春夏秋冬均可練習。是每次練功時的必練功法。

採氣功是用口鼻進行呼吸的，也就是運用後天呼吸法來練功，與普通呼吸不同之處是鼻吸、口呼。呼吸時要達到均勻深長。如經過一個階段的努力練功後功效不理想，就應加強採氣功的練習，猶如給汽車「加油」一樣。

2.採天陽氣

動作一：無極起勢。雙手自身體兩側徐徐上升舉過頭至胳膊自然伸直。雙手心相對，目視天空，此時為吸。（圖 5-10、5-11）

圖 5-10

圖 5-11

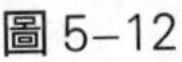

圖 5-12

圖 5-13

動作二：雙手由掌變成輕握拳，拳心向內。緩緩下降至胸上端處後，由拳再變成掌，手心向下，十指相對，兩目垂簾，內視中丹田，此時呼吸暫停。（圖 5-12、5-13）

動作三：雙掌由胸上方向下緩緩按至中丹田處，身體重心隨之下降，恢復至初始動作，此時為呼。做此動作時要內視丹田、意想丹田、內聽丹田，略停片刻後再做下一次採收，如此反覆練習。（圖 5-14、5-15）

【意守部位】：中丹田。

【意念】：意想將採集到的天陽之氣由頭頂進入上丹田後向下降，源源不斷地進入中丹田。採收時，心意與兩手配合一致由上而下進行採收。

【功效】：用三性歸一的方法練功，可達到精神變物質、物質變精神的功效。可增補陽氣、採陽補陰、調節身體陰陽平衡、充實丹田內氣。

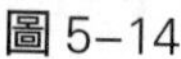

圖 5-14

圖 5-15

【提示】：練習採天陽之氣、地陰之氣要根據一年春夏秋冬四季，一天 12 個時辰的陰陽變化來練功。還應根據自身陰陽內氣、平衡狀態的具體情況有側重地練功。

具體說，陽氣不足者應加強練習採天陽氣功法，陰氣不足者應加強練習採地陰氣功法。總之，採自然之氣適合每個練功者練習。

3.採地陰氣

動作一：無極起勢。弓身彎腰，雙手經大腿內側緩緩下行至雙腳內側。（圖 5-16、5-17）

動作二：雙手由掌變成拳，順腿內側徐徐上提至襠處，上身相隨而起至身體自然直立，雙手經左右胯至後腰命門處。此時為吸。（圖 5-18、5-19）

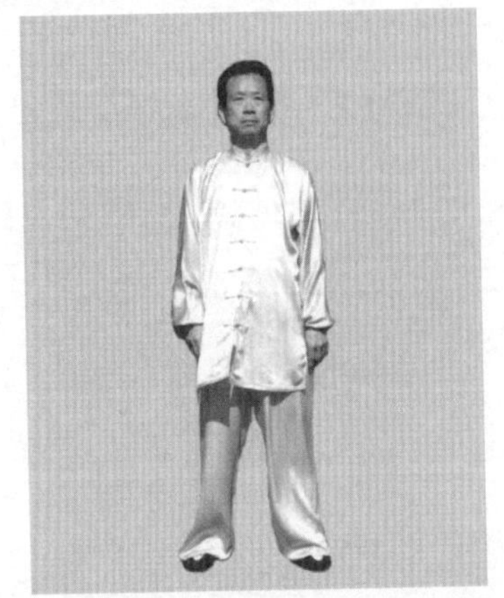
圖 5–16

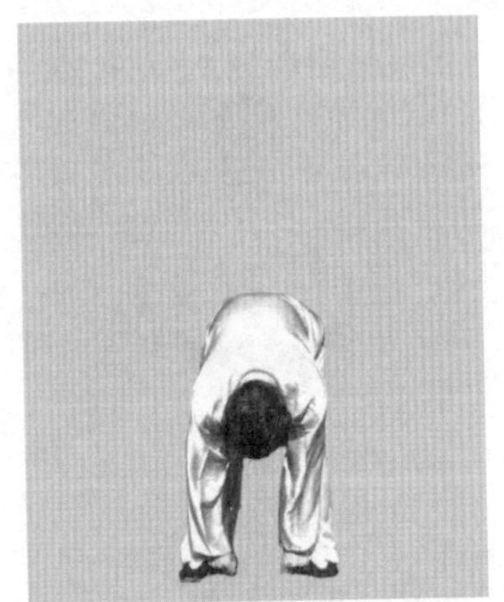
圖 5–17

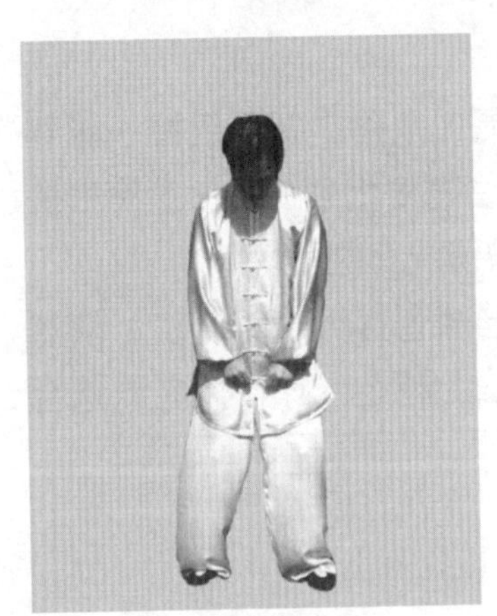
圖 5–18

圖 5–19

動作三：稍停片刻後，雙目垂簾，內視中丹田，雙拳漸漸變成雙掌，手心向下，由命門處經左右腰間達至中丹田，此時為呼。呼時身體重心微微下降。略停片刻後再做下一次採收，如此反覆練習。（圖 5-20）

圖 5–20

【意守部位】：中丹田。

【意念】：當雙手順腿上提時，意想將採收到的地陰之氣，從腳底湧泉穴沿腿內側上行經會陰、尾閭、命門後源源不斷地進入中丹田。

【功效】：有採陰補陽、調節身體內部陰陽平衡、增生精液、補腎氣之虧損、練精化氣之作用。將採集到的自然界精華之氣、天陽之氣，地陰之氣歸於中丹田，越積越多，為下一步循經走脈打下基礎。

【提示】：練習此動作向上提引時，不僅意念與動作配合，還要注意配合會陰內吸和提肛來完成此動作。

第三節　站樁功

1.下丹田站樁功

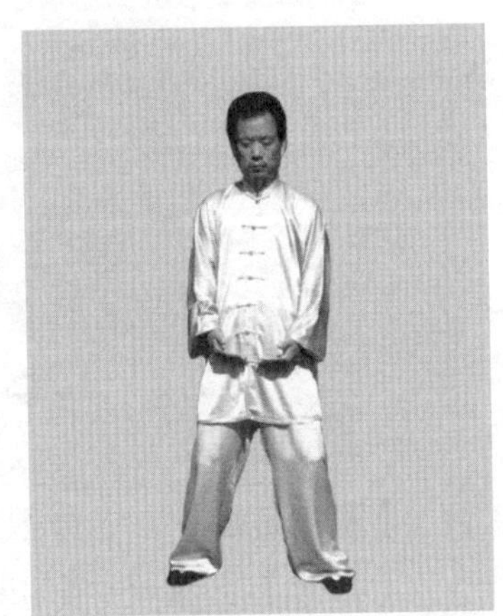
圖 5–21

【動作】：無極起勢。雙手相合，手指尖相對放於小腹處，相距 20 公分左右，塌腰收臀身微坐，同時收尾閭、提肛、提會陰。自然呼吸。（圖 5-21）

【意守部位】：下丹田，位於會陰深處，男子相當於前列腺處，女子在子宮口。

【意念】：⑴兩眼輕閉內視，兩耳封閉內聽，思想意念內守會陰深處。

⑵以會陰為中心，用心意呼吸法先吸後呼，即向會陰深處吸約 10 公分，吸時肛門同時收縮上提，再從下丹田呼出。經兩腿下達湧泉穴（腳心）。至於順何處而下，初級階段可隨其便，只要意達即可。身體重心及兩手隨意念呼吸緩緩上下提放而動，一呼一吸為一次反覆練習。

⑶練完後再轉入自然呼吸，靜守會陰深處。動與不動不必刻意，只要三性歸一靜守住它直至收功即可。

【功效】：意守下丹田有養精生精、練精化氣之功效。腎功能的加強可促進調節心腎關係，使心腎相交水火相濟，為全面調和臟腑功能奠定基礎；還有將任督兩脈接通的作用，使內氣運行於大小周天之中。對於精氣虧損經血虧虛症狀的練習者，有增強精血分泌、提煉調整精氣經血之能力，於補充其虧損也具有很好的療效。

【提示】：在練習意守下丹田一個階段後，如出現精氣充足陽舉現象，可改為練習下一步提高功法，意守命門或中丹田進行練精化氣。

圖 5–22

2.中丹田站樁功

【動作】：無極起勢。雙臂自體前上抬至肚臍，兩手相合，指尖相對，距腹部 1 尺左右。臂要圓，背要圓，襠要圓，形如抱球狀，故又稱三圓樁。自然呼吸。（圖 5-22）

【意守部位】：中丹田。

【意念】：⑴三性歸一靜守中丹田，意想形圓氣圓。

⑵心意與呼吸配合引動竅呼吸時，將肚臍極為輕緩地向裡往後吸（穴內吸），直吸到不能再吸時，即在意念上似感肚臍與命門相貼。然後隨腹部自然向前放鬆時為呼，意想丹田內氣由命門向前肚臍處擴充，丹田內氣有充足感。當肚臍不能再擴時，再做下一次收放。身體也相隨前後微緩而動，反覆練習。

⑶轉入自然呼吸，不需管丹竅動不動，動就動，不動

就三性歸一意守中丹田。練習中丹田站樁功每次不少於 20 分鐘。

【功效】：練功時意守中丹田有養氣增氣、練氣化神之功效，站樁時就這樣練，隨練功的深入中丹田就會從初始到有氣，從氣少到內氣充足。待內氣充足後可促進氣通五臟六腑及周身經絡血脈。

並能在人體內產生保健與抗病的本能，當然氣與血是密切相關的，由於各種原因使氣虧損而血不能不受影響，血液虧損也導致減弱抗病的能力（即損氣）以致在體內各個不同部位組織機能受到破壞而產生各種疾病。

練習氣功意守中丹田可恢復元氣和增強抗病能力（即補氣養氣壯氣）補充氣血虧損，促進氣血循環暢通、調整與改善身體各器官機能以促進身體康復，腹部呼吸又能加強胃腸蠕動，增強消化能力使多吸收營養，並提高排泄能力，調和氣血舒通經絡。

【提示】：練功時逐漸體會感知「兩腎如湯熱，丹田似火燒」，心腎相交，水火相濟，氣上行循經走脈陽氣升騰內景。凡練功者屬中氣下陷、脾胃不和、消化系統不調、身體虛弱、內氣不足宜守中丹田。

3.上丹田站樁功

【動作】：無極起勢。雙臂自體前上抬至眼睛，兩手相合，指尖相對，距頭部 30 公分左右，臂要圓，背要圓，襠要圓。自然呼吸。（圖 5-23）

【意守部位】：上丹田。

【意念】：⑴兩目平視遠方，凝視片刻後目光緩收，同時意領雙手，將天地靈氣緩緩攬回，目光收回至上丹田，三性歸一靜守。

圖 5–23

⑵ 以心意引動神氣收放，同時雙手帶動身體微動相隨，神氣回收時意想上丹田微微內吸，神氣向外展時為呼，一收一放為一次反覆練習。

⑶ 完成後轉入自然呼吸，三性歸一靜守上丹田。意念要若有若無、似守非守不可專注。收功時意領神氣下行於中丹田，練神還虛後不久可收功。

【功效】：意守上丹田有養神、練神還虛之作用。

【提示】：初學者要按部就班地來練習，練習內功到了一定水準後，再練習上丹田功法。由於個別人過早地練習或由於掌握要領不當。在練功時或練功後會出現氣機上竄能上不能下、頭昏腦漲等不適應症狀，所以，練習上丹田功法時，須在有一定經驗水準的老師具體指導下練習。

凡屬氣虛下陷、頭畏風寒、腦貧血、低血壓等患者宜守上丹田。因為上丹田為諸陽之會。練習者如屬陰虛火旺、心火上炎、肝陽上亢、高血壓等症，則不宜練習意守上丹田，以免病情加重。

第四節　調濟平衡陰陽

1.氣貫兩極

動作一：無極起勢，兩腳與肩同寬而立。雙手自體前上提合於腹前，兩臂微屈，掌心勞宮穴相對，十指相對，相距 10 公分左右。兩目垂簾，靜守一會兒勞宮穴，待手部有氣感之後由靜功轉為動功。兩手緩慢向左右拉開至雙手臂形成弓形，相距 1 公尺左右，開時如拉橡皮筋一樣。此時為吸。（圖 5-24、5-25）

動作二：雙手緩慢向內合攏，恢復到初始動作，此時為呼。如此反覆練習。

【意守部位】：勞宮穴，位於手掌中心處。

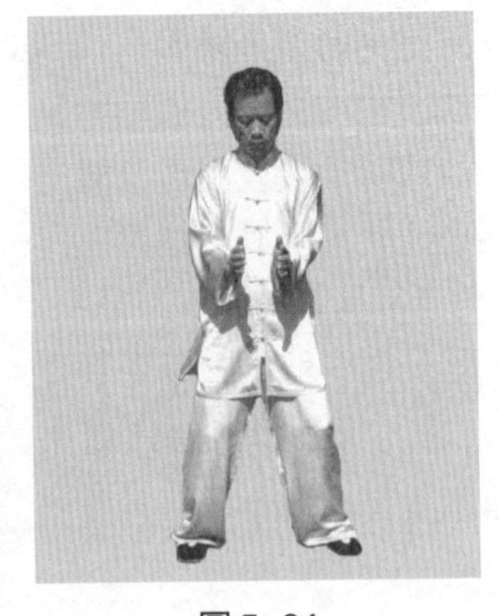
圖 5-24

圖 5-25

【意念】：意氣相合於勞宮之間，雙手向外開時，意開氣開，雙手向內合時，意合氣合，意注勞宮的呼吸，眼內視勞宮的呼吸，耳內聽勞宮的呼吸，吸之綿綿呼之微微。

【功效】：體感內氣在勞宮雙手間的各種變化，開時如拉橡皮筋，合時如有一般壓力之感，這便是氣正負極磁場的反應，功夫達到一定水準後，能體感到內氣湧到勞宮穴時，勞宮穴有鼓顫之感。

【提示】：要以手的開合，帶動胸腹的開合，帶動丹田內氣的開合。

2.水火相濟

【動作】：無極起勢。兩腳與肩同寬而立。鬆腰，收臀沉肩含胸，雙手十指相對，手心向內放於命門處。（圖5-26、圖5-27）

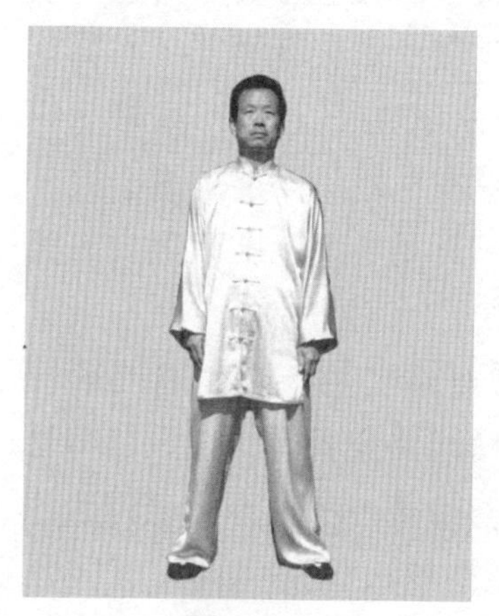

圖 5–26

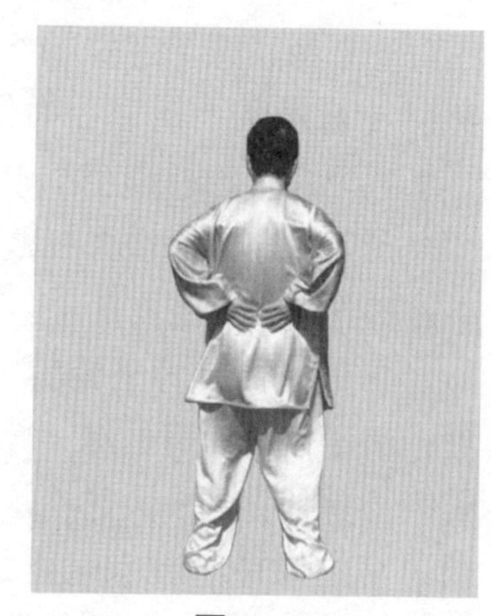

圖 5–27

【呼吸】：鼻吸口呼。

【意守部位】：命門穴。

【意念】：意想用心神之火去燃燒命門之柴，以烘烤腎中之水，再配合呼吸時用嘴吹氣的方法，意想用氣吹旺命門之火，待行功日久，練到一定「火候」時，便會體感到命門處發熱，這種發熱的感覺隨著功夫的深入提高，會逐漸擴大至整個丹田。這便是內功術語描述的「兩腎如湯熱，丹田似火燒」的修練境界。

【功效】：以心意守命門兩腎，添柴加火，有強腰健腎、促進精轉化成氣的作用。

【提示】：道家氣功和中醫理論認為，心與腎之間的關係，一是陰與陽（又叫水與火）的互濟，二是精與神的互根。心居上焦，其性主動，故以陽（火）為主；腎居下焦，其性主靜（藏精氣而不泄），故以陰（水）為主。心陽下降，溫暖腎陰；腎陰向上，滋養心陽。上下相交，動靜結合，形成一對矛盾的統一體，使人體始終保持在一個相對的平衡狀態。這種現象又叫做「水火既濟」「心腎相交」。若陽氣不足腎水不化，水氣逆而上犯，就會造成「水氣凌心」的心悸症；如果腎水不足，不能上濟心火，心火獨亢，也會出現失眠健忘、耳鳴身乏、腿軟無力、多夢遺精等現象，這就是「心腎不交」的病症。

心主藏神，腎主藏精，精與神也是一對矛盾的統一體，精是神的物質基礎，神是精的外在表現。先天之精是神的物質基礎，後天之精是神的給養，精氣充沛是神志活動正常的條件，神機旺盛是使精氣再生的條件（又叫互根）。所以，對於人體的健康狀況，一般都以精神二字來

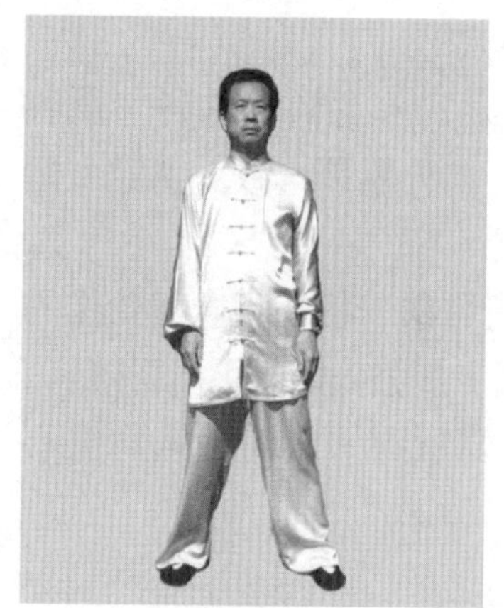
圖 5-28

圖 5-29

形容。

3.水中浮萍

圖 5-30

動作一：無極起勢。兩腳與肩同寬而立，兩臂自然下垂，雙手心向下，相距胯部15公分左右，意守勞宮穴，先三性歸一，靜站一會兒樁功後，由靜功轉為動功。

引動左手緩緩向下按至胯部，身體重心逐漸過渡到左腿，同時右手徐徐上升至右胸部。（圖5-28、5-29）

動作二：引動右手緩緩下按至胯部，身體重心逐漸由左腿過渡到右腿，同時左手徐徐上抬至左胸部，如此反覆練習。（圖5-30）

【意守部位】：勞宮、湧泉穴。

【意念】：意守勞宮、湧泉穴。意到、氣到、重心到，身體猶如一架天平儀一樣，內外協調一致，調節人體的五種平衡系統。

【功效】：練功時身體如天平儀一樣，意念與動作的協調配合用以調節、改善、提高、加強人體的平衡系統。

【提示】：做此動作時，要意到、氣到，氣到重心到，內外一致。

第五節　大力神功

1.開合大力功

動作一：無極起勢。兩腳橫開一步比肩略寬，雙臂交叉相合，經腹前、胸前徐徐上升至頭上方處，交叉的兩手臂向左右分開比肩略高至胳膊自然伸直，胸腹相隨而開，身體及重心微微向上。此時為吸（圖 5-31、5-32）

動作二：雙手十指似抓物狀虛握成拳後緩緩下降，左右腕部交叉相合於腹前，拳心向裡。同時屈膝彎腿，身體重心向下沉降，胸腹相隨而合，此時為呼。如此反覆練習。（圖 5-33、5-34）

【意守部位】：中丹田。

【意念】：雙手帶動胸腹及全身相開時，意想丹田之氣由命門沿脊背上升經肩肘，通達於手，此時為吸；當吸到不能吸時，雙手握拳帶動胸腹及全身相合時再配合呼氣

圖 5–31

圖 5–32

圖 5–33

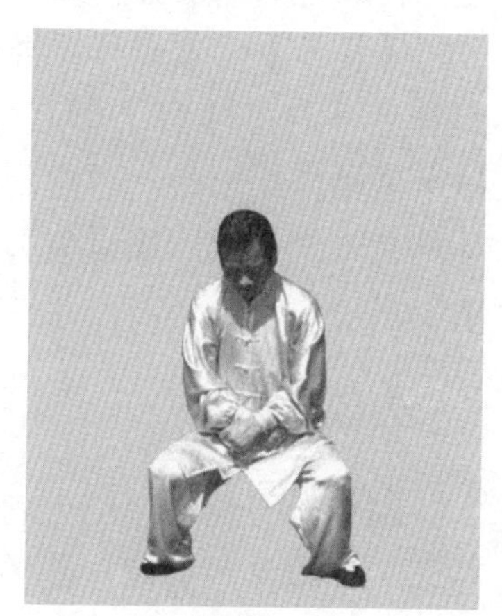
圖 5–34

的方法，意想抓採氣收攏聚合於中丹田時，肚臍處逐漸外充，丹田感到飽滿充實、氣力倍增。

【功效】：以形的開合，帶動內氣的開合，有壯氣、

圖 5-35

圖 5-36

增力充實丹田、積蓄能量之作用。

【提示】：當動作相開時，意念想著開，一開俱開，周身上下內外無有不開之處，意想內氣擴充至周身各部位。當動作相合時，意念想著合，一合俱合，周身上下內外無有不合之處，周身氣力由周身各部位逐漸聚合於中丹田。

2.蛟龍戲水

動作一：無極起勢。右腿向前邁一步。身體重心落於左腿，左腿呈弓曲狀。雙手相合放於命門處；雙手緩緩從左右兩胯向前在腹前相合，手心向上，小指相合，繼續前行達至胳膊自然伸直。高度比肩略低。身體及重心相隨而動，由左腿過渡到右腿，右腿呈弓曲狀。此時為呼。（圖 5-35、5-36）

動作二：雙手臂自然放鬆下垂，途經左右兩胯返回命

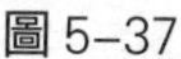

圖 5–38

門處，身體重心相隨而動，由右腿漸過渡到左腿，恢復到初始動作。此時為吸。如此反覆練習。（圖 5-37、5-38）

【意守部位】：勞宮穴。

【意念】：雙手從命門處經左右胯在腹前相合，前行至胳膊自然直時，意想內氣由命門沿脊背上行經肩、肘、手，達於手的十指梢節。

【功效】：以中丹田內氣為動力，氣貫九節，意到氣到，氣到力到。

【提示】：練習此動作時，注意膝蓋不能超過腳尖，要保持身體重心的中正。

3.螺旋沖拳

動作一：三體樁起勢。右腳向前邁一步。身體重心下降在左腿，左腿屈膝弓腿，收腹、收臀，右手掌上提至與肩同高，手心向外，要手與腳合、肘與膝合、肩與胯合；

圖 5-39

圖 5-40

左手擺放在左胯，手心向下，沉肩墜肘，氣沉丹田，兩目含光默默目視右手勞宮穴。站一會兒樁功後，由靜功轉為動功，引動右手收回至右胯時，由掌變拳，拳心向上，同時左手由掌變成拳，拳心向上，左旋腰轉脊，左拳由胯部呈螺旋式向前擊出，至胳膊自然直，拳心向下，高度與心窩處平，目視擊拳，身體重心在左腿。（圖 5-39、5-40）

動作二：右旋腰轉脊時，右拳由胯部呈螺旋式向前擊出至胳膊自然直，拳心向下，高度與心窩處平，目視擊拳，身體重心由左腿過渡到右腿，右腿弓左腿蹬，自然呼吸，如此反覆練習後，再換步練習。（圖 5-41）

【意守部位】：中丹田、勞宮穴。

【意念】：拳擊出時以意領氣，由中丹田出發，經命門上行於脊背，通於肩肘達於拳。

【功效】：意到氣到，氣到力自然到。形與氣走螺旋，勁發一點，點點透骨。待練至外丹功階段時，再練此

圖 5-41

動作則又有一番新體會，每當拳擊出時，便會感到有一個「氣球」物狀，隨拳擊而出，隨收拳放鬆時，而回歸於丹田，待練至功夫純熟時，意遠氣長，遠近自控。

【提示】：初練此動作要求要先慢一些，其意想要求達到意到氣到動作到，待練至行功圓滿時，做動作快一些的時候，也能夠做到意到氣到，氣到動作到時，動作可以適當加快些。

第六節　收　功

1.單式收功

動作一：每個內功動作做完後，收腿，與肩同寬，雙手從身體兩側徐徐上抬至頭上部，胳膊自然直，雙手心相

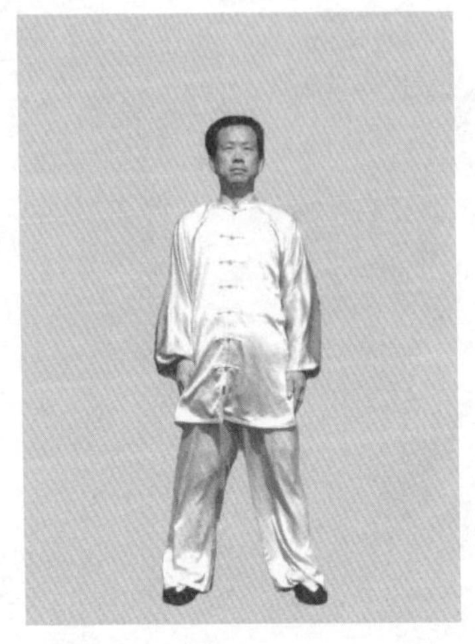

圖 5-42

圖 5-43

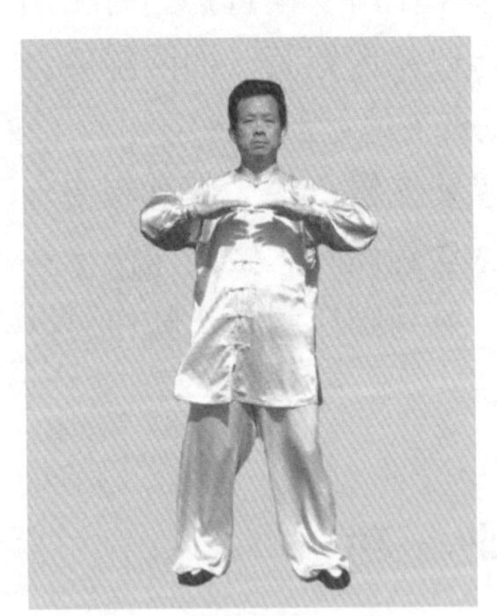

圖 5-44

圖 5-45

對與肩同寬，此時為吸。（圖 5-42、5-43）

動作二：雙手相合，十指相對，手心向下於頭上方處緩緩下降，經臉前、胸前到腹部的中丹田處，身體重心隨

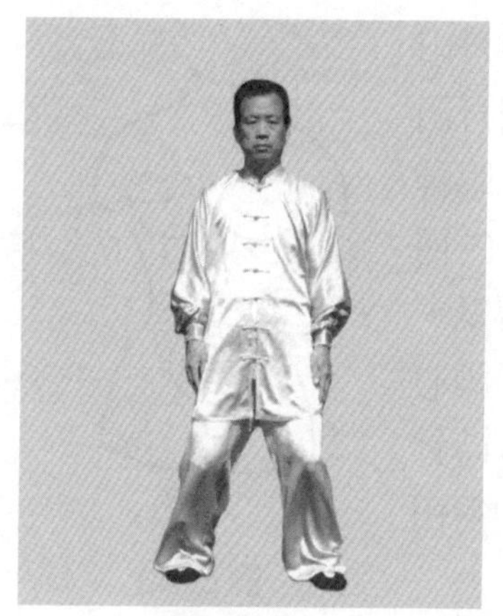
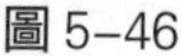

圖 5-46

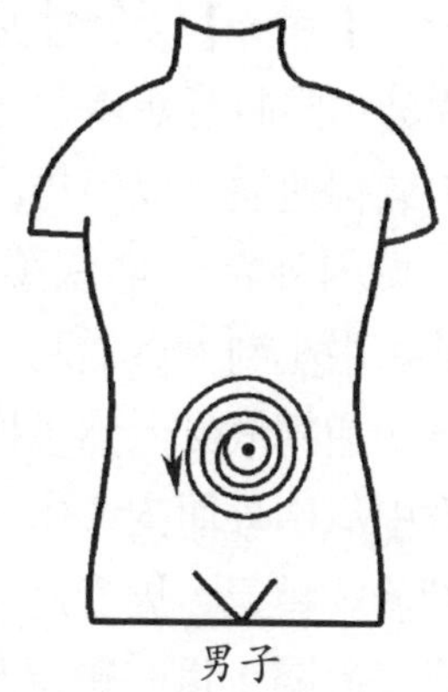

圖 5-47

之下降，恢復至無極勢。此時為呼。（圖 5-44、5-45、5-46）

【意守部位】：中丹田。

【意念】：隨動作的導引，以意引氣，將修練時所得之氣降收蓄合於中丹田。

【功效】：中丹田猶如一個蓄水池一樣只蓄不泄，內氣越積累越多。

【提示】：單式收功法是每個內功動作完成後必須認真做的功法。

2.五氣歸元

【動作】：無極起勢。右手心貼於肚臍，左手心疊在右手背上，以肚臍為中心，沿左上右下的逆時針方向由小到大地緩緩旋轉 36 圈；然後換手相疊，沿右上左下的順時針方向由大到小地緩緩旋轉 24 圈。自然呼吸。（圖 5-47）

【意念】：三性歸一靜守中丹田片刻，同時意想兩手勞宮之氣與丹田內氣相連通，以中丹田為中心，眼神心意內外合一地圍繞中丹田由內而外、由小到大做逆時針螺旋式轉氣，這叫逆轉散氣。然後換方向，眼神心意引氣由外而內、由大到小做順時針螺旋式轉氣，周身之氣逐漸向中丹田降集收歸，這叫順轉收氣。

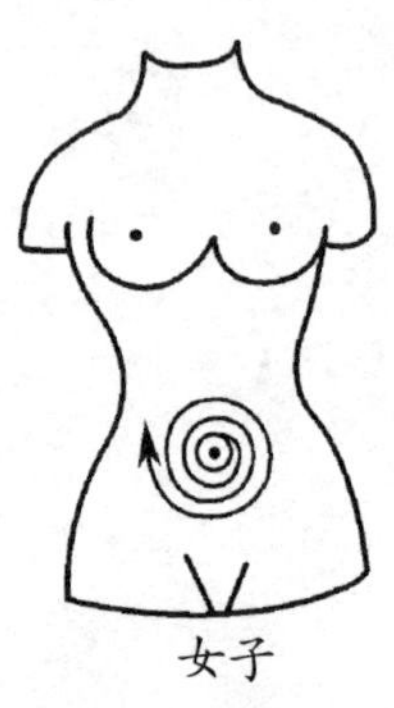

圖 5-48

女子的轉氣方法與男子相反；先左手在裡右手在外相疊於肚臍，沿右上左下的順時針方向由小到大、由內而外地螺旋式轉氣 36 圈；然後換手相疊，沿左上右下的逆時針方向由大到小、由外而內地螺旋式轉氣 24 圈。（圖 5-48）

【功效】：將練功時所獲得的集中於丹田內的內氣先行散開，以免淤積不適；再把丹田散開的內氣與在練功中散發全身的五臟精華之氣一起收歸到丹田內儲存起來，混融合一。

【提示】：意念想著丹田轉氣，眼睛內看丹田轉氣，耳內聽丹田轉氣。內氣與手的轉圈要牽連著丹田這個圓心，一圈一圈地擴散，一圈一圈地收攏。

第六章

太極十三勢

第一節　太極八法單勢練習

(一)掤　勁

掤勁是在練習太極拳推手時，隨身肢動作的開合、收放和內在意氣鼓蕩運動的變化而產生的一種力撐八面的「彈性勁」。彈性勁是生活中常見的力，在力學中叫作「彈力」。我們仔細觀察彈簧的性能就能明白，物體變形越大，彈力越大；變形越小，彈力越小；變形消失，彈力也隨之消失。但物體變形是有一定限度的，彈力的方向總是隨變形物體恢復原狀的趨勢相一致。所以，太極拳術語又稱掤勁為「彈簧勁」。

太極拳推手「隨曲就伸，曲中求直」「蓄勁如開弓，發勁如放箭」「一身備五弓，力撐八面」等等理論，都與彈力原理相吻合。因此，在練習太極推手技擊時，若能悉心體驗彈簧與弓箭的形象與作用，使自己的胳膊經常保持一定的曲度，使全身各部位都像彈簧或弓箭那樣保持彈性和發揮彈性作用，那麼，當對方進攻時即可隨時用彈勁進行發放。

尤其當練功者內功水準修練到丹田內氣圓滿充盈時，全身如同充滿了內氣的皮球，充於肌膚，斂於骨髓，內氣越充足則彈性越強，掤勁的質量也就越高。從這個意義上來講，掤勁就是太極功夫的集中表現，因此，既是太極八法的主勁，又是太極十三勢的總勁。由掤勁的不同方位和方向的變化產生了太極八法。例如：受壓後上旋反彈形成的掤勁；受壓後左旋或右旋反彈形成的捋勁；受壓後向前反彈形成的擠勁；受壓後下旋反彈形成的按勁等等。它貫穿於捋、擠、按、採、挒、肘、靠 7 種勁別之中。

如果太極八法中沒有掤勁做後盾，太極推手則顯得乏軟無力，牽引時就會變成丟癟，化發時就會變成頂抗，放鬆時就會變成散軟等等。

掤勁運用方法有：胳膊掤、胸掤、腹掤、背掤、臀掤、腿掤等等形式。

掤勁技術特點，凡是意氣形合一由內向外的發動，顯於外為掤勢，隱於內為掤勁，施用於對方則為掤法。

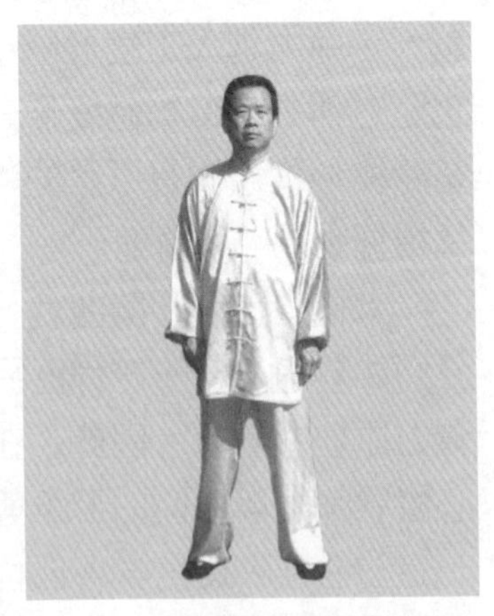

圖 6–1

1.單人練習

【動作】：無極起勢。右腿向前邁一步，雙臂從身前徐徐抬起至比肩略高，手指相合，手心向下，胳膊與身體呈圓形。同時，屈膝下蹲，身體

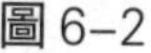
圖 6-2

圖 6-3

重心下降。再上左腿練習掤勁動作，要領相同，一直前行，如此反覆練習。（圖 6-1、6-2、6-3）

2.兩人對練（白衣者甲方，黑衣者乙方）

動作一：甲乙雙方各出右步，乙腿前弓後蹬，同時，用雙手推甲胸部，甲雙臂抬起以掤勁將乙雙手掤起，達至勁力落空為止。然後，乙按此方法掤勁運用於甲。要領相同，兩人如此反覆練習。（圖 6-4、6-5）

圖 6-4

圖6–5

【功效】：掤勁具有意圓、氣圓、形圓，在外作用力影響下由內向外彈擊之力。

【提示】：做掤勁動作時要由內而外地上下、左右、前後形成對撐之勢，才能達到掤勁「力撐八面」的要求。甲乙雙方對練勁力要不丟、不頂、不抗。

(二)捋　勁

捋勁是引化勁的一種形式，運用時「捨己從人，順其勢而取之」。太極推手時對方來勁越大，產生的運動慣性也越大，我則利用其慣性原理再實施捋勁，可達到使對方身體向前傾斜而不能保持立身中正的狀態。捋勁若運用巧妙則能將對方捋至撲跌在地。如果把對方來勁比做發洪水，我採取圍堵攔截的方式，最後結果只能是將我沖垮。如我採用疏導引泄的辦法，把它導引向我身體一側，這樣激流就衝擊不到我身上來了。同時我利用物體運動慣性重心和合力的原理，順著引化開對方勁的方向再向他身上加力，必然導致對方身體重心越出支撐面的中正範圍，而出現失重或傾跌的現象。這便是太極拳理論中所述「捨己從人，引進落空，借勁使勁」的一例典範。

運用捋勁時往往是與掤勁相結合應用的，這樣既能做到「肘不貼肋」，又可以防止被對方乘勢而入直搗我內門，出現「引狼入室」之危。

捋勁運用方法有：單手捋，雙手捋，肘捋，胸捋，腹捋，腿捋等等。

捋勁的技術特點：意氣形合一地引領所要運動的肢體部位由前往後運動，或由前往左右後方運動；顯於外為捋勢，隱於內為捋勁，施於對方則為捋法。

1.單人練習

【動作】：無極起勢。右腿向前邁一步，屈膝弓腿，身體重心在右腿。同時，雙臂上抬至與肩平，手臂自然直，雙手心朝左。雙手由前向後進行捋勁時，以腰為軸相隨轉動，身體重心隨捋的動作，由右腿逐漸過渡到左腿；再上左腿練習身體右側的捋勁動作。要領相同，一直前行，如此反覆練習。（圖6-6、6-7、6-8）

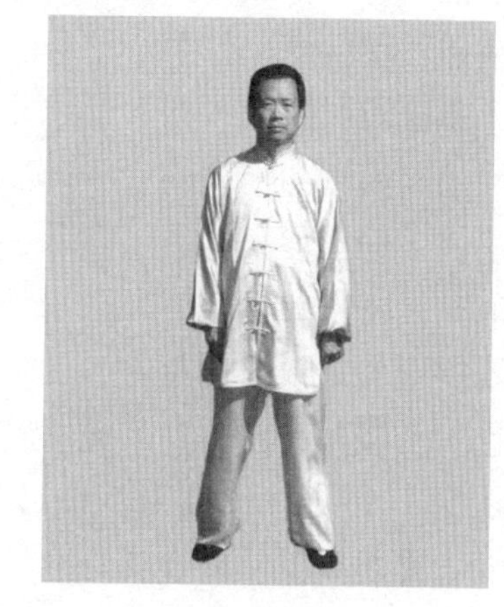

圖 6-6

圖 6-7

圖 6-8

2.兩人對練

圖 6-9

【動作】：乙出右腿，出右掌向甲胸部推來時，甲右手抓拿住乙手腕處，左手抓拿住乙肘關節，利用乙向前用力推來的慣性，捨己從人地由前向後捋勁，直至將乙捋至失重或跌倒為止。乙按此方法捋勁，運用於甲。要領相同，兩人如此反覆練習。（圖 6-9、6-10、6-11）

【功效】：捋勁具有捨己從人、引進落空、借勁使勁、捋其梢節、斷其根之功效。

圖 6–10

圖 6–11

【提示】：運用捋勁時要與掤勁相結合，方能有效地防止對方乘勢進身進行反擊。在運用捋勁將對方進行引進落空，但沒有將對方捋出去或跌倒的情況下，應迅速跟進發勁，將對方發放出去。這就是太極理論中所闡述的「引進落空合即出」的技術方法。

(三)擠　勁

擠勁有排擠的意思，如同用錘子向木頭上釘釘子硬擠進去一樣。所以，太極推手時擠勁的運用往往是雙手相合，呈銳角形向前擠去，擠勁在力學上稱為「合力」。運用擠法時要以「內功」做後盾，結合六合的技術要領，使周身之意氣形合為一點，力發一點，並有穿透目標之意念貫穿於擠勁之中。

太極拳理論中述「被捋者須知捨己從人，便可乘勢以擠也」。其意是以擠法破捋法的技戰術。例如，對方捋引我胳膊時，當我身體重心出現向前傾斜，即將要失重的情況下，我則捨己從人地順其捋勢迅速跟進，上步進身以擠的方法將對方擠發出去。此為擠勁的一例典範，是太極推手時常用技法。以擠破捋猶如順水推舟，頗有順勢借力之妙。

擠勁運用方法有：單手擠，雙手合擠，肘擠，膝擠等等。

擠勁技術特點：意氣形合一地由後向前平行地發動，顯於外為擠勢，隱於內為擠法，施於對方為擠法。

1.單人練習

【動作】：無極起勢。雙手臂在身體兩側旋轉一周後，雙手相合，手心相對，五指併攏。右腳向前邁一步，同時，雙手呈錐形向前擠去。身體重心相隨由左腿過渡到右腿，步法形成前弓後蹬之勢。然後，再上左腿練習擠勁

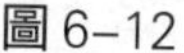

圖 6–13

圖 6–14

的動作，要領相同，一直前行，如此反覆練習。（圖 6-12、6-13）

2.兩人對練

【動作】：甲乙雙方各出右步，乙雙手抓拿住甲雙臂後用力推，甲雙手臂旋轉一周化開乙來勁後，雙手相合呈錐形朝乙身體中心擠去，直至將對方擠出去為止。乙按此方法擠勁運用於甲。要領相同，兩人如此反覆練習。（圖 6-14、6-15、6-16）

圖 6–15

圖 6–16

【功效】：擠勁具有意氣形合一、力量集中、力發一點、穿透力強之作用。

【提示】：做擠勁動作時，「要形於手、通於脊、蹬於腿、主宰於腰」。體會「外三合與內三合」的技術特點，運用貫穿於擠勁之中。要注意膝蓋不要超過腳尖。技擊時先要化解對方的來勢來勁後，才能使用擠勁。

(四)按　勁

按勁是當對方用全力向我推來時，在外作用力的影響下，利用慣性原理向下按進行「引進落空」的變化結果。此時，最易牽動對方足跟，有按梢節、斷其根之功效。按法運用巧妙時，對方可感受到猶如從上向下突然墜落下來凌空失重的感覺。按勁是防守的最後一道防線，運用時要注意掌握好「火候」。運用早了，達不到「引進落空」的技術效果，運用晚了，則有「引狼入室」之危，會被對方逼進身而立身不穩。所以，掌握好按法的時機最為重要。

按勁另一種用法是，當我化解掉對方的進攻後，轉守為攻，按其對方身體某一部位，將對方按倒在地以達到技擊對方的目的。由此可見，按法是一種攻防兼備的技術。

按勁運用方法有：手按，肘按，胸按，腹按，胯按，腿按等等。

按勁技術特點：意氣形合一地由上向下發動，顯於外為按勢，隱於內為按勁，施於對方為按法。

1.單人練習

圖 6-17

【動作】：無極起勢。右腿向前邁一步，雙手上抬至胸

圖 6–18

圖 6–19

下，由胸下向腹下按勁至手臂自然直。身體重心下降與坐胯、圓襠、腿彎曲、隨按勁動作同時完成。再上左腿練習按勁動作，要領相同，一直前行。如此反覆練習。（圖 6-17、6-18、6-19）

2.兩人對練

【動作】：乙出右腿，雙手推甲腹部，甲雙手由上向下按乙雙手，直至將乙來勢按空或跌倒在地為止。乙按此方法按勁，運用於甲。要領相同。

【功效】：具有引進落空、按其梢節、斷其根之功效。（圖 6-20、6-21）

【提示】：做按勁動作時，意氣從中丹田處向下直貫腳心湧泉穴，氣落到腳。使上下貫通內外一致，這樣會使根基更加穩健。

做按勁的動作時，要注意沿著自己的胸腹向下按，好

圖 6–20

圖 6–21

像在順抹自己的胸腹一樣，並非有意用勁去按對方的雙手，這樣按勁技術發揮得會更加巧妙。

按勁的另外一種用法是，按對方身體某部位時，要先化解對方的進攻再使用按勁才能奏效。

「掤捋擠按」與身體位置的關係圖解

由身軀中心橫線向上運動為掤勁。（圖 6-22）

以身軀中豎線為軸，向左或右旋轉運動為捋勁。（圖 6-23）

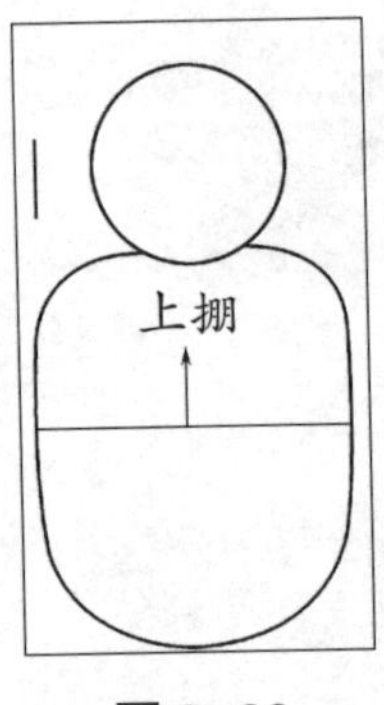

圖 6-22

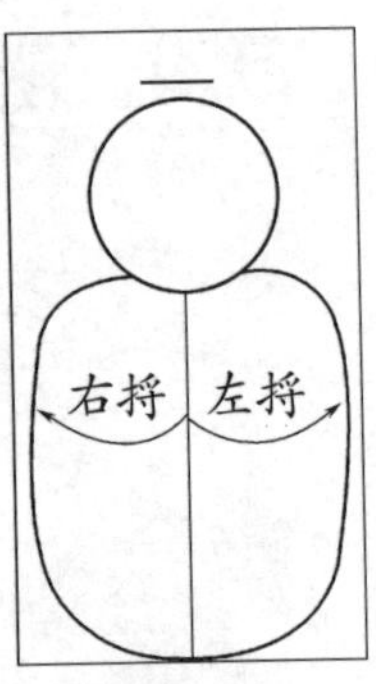

圖 6-23

由身軀中心點向前運動為擠勁。（圖 6-24）

由身軀中心橫線向下運動為按勁。（圖 6-25）

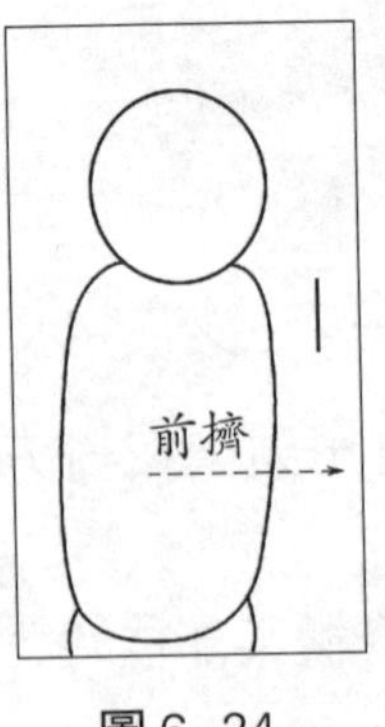

圖 6-24

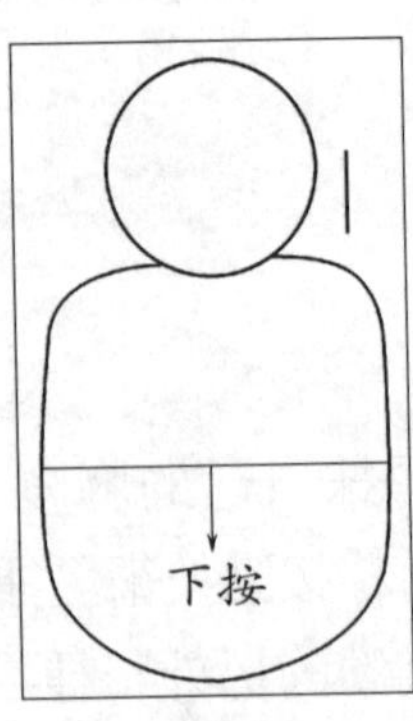

圖 6-25

太極的圓形運動規律

太極球受外力影響，向上旋轉時為掤勁。（圖 6-26）

太極球受外力影響，由左前或右前向後旋轉時為捋勁。（圖 6-27）

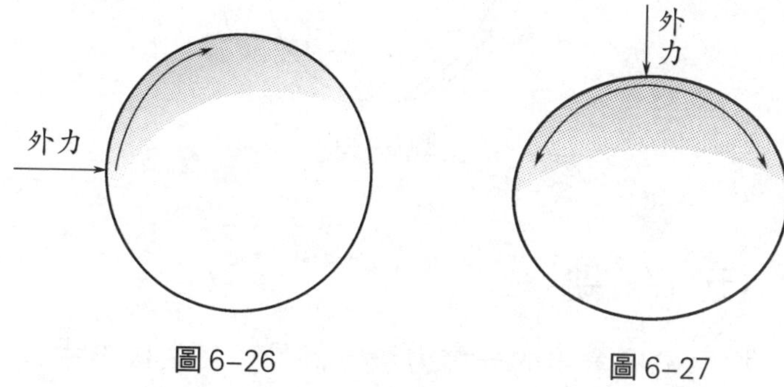

圖 6-26　　圖 6-27

太極球受外力影響，受壓凹入後又迅速反彈復圓為擠勁。（圖 6-28）

太極球受外力影響，陰面由前向後旋轉時為化勁。陽面由後向前旋轉時為擠勁。（圖 6-29）

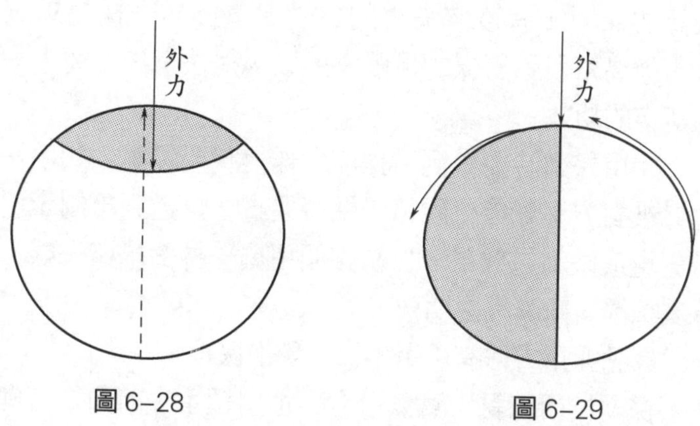

圖 6-28　　圖 6-29

太極球不受外力影響，向下旋轉時為按勁。（圖6-30）

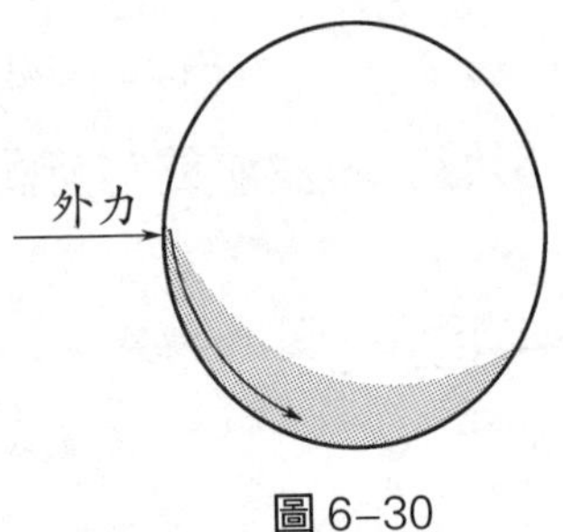

圖 6–30

(五)採　勁

採勁是擒拿中的一種方法。但是，在太極推手技術中，採法與擒拿的運用是不完全相同的，太極拳把它列為八法之一是因為它是在長期實踐基礎上發展形成的一種獨具特色的勁別，是屬於用手箝制和牽引人的方法之一。

太極推手時在外作用力影響下，雙手由輕而突然沉重地一採，由於速度快、距離短、落點準，使被採者猶如墜入萬丈深淵，有凌空失重的感受。這突然一採乃驚戰之術，最易牽引動對方的足跟，所以，採法有捨己從人、引進落空的功效。

運用採勁時要做到，採前動作變化要輕靈，如手法重了會被對方察覺後化脫掉。採時要實，以達到箝制牽引對方失重或跌倒之效果。採法如同用繩子拉倒木樁一樣，有採其梢節、斷其根之功效。

採勁運用方法有：單手採、雙手採等。

採勁技術特點：意氣形合一地引領手由前向後方向突

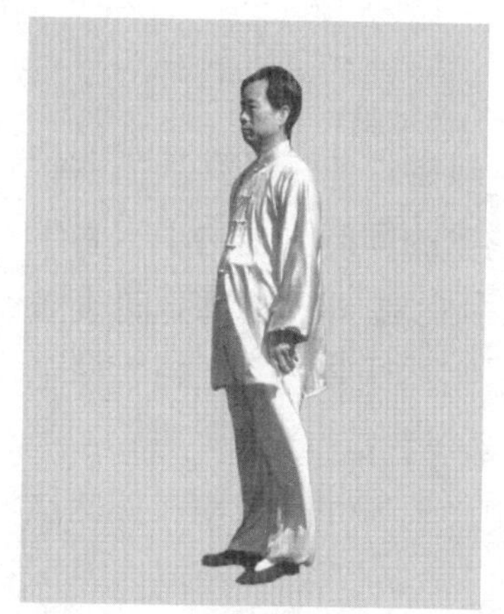
圖 6-31

圖 6-32

然發勁，牽引動對方身體重心達至失重狀態，顯於外為採勢，隱於內為採勁，施於對方則為採法。

圖 6-33

1.單人練習

【動作】：無極起勢。右腳向前邁一大步，雙手從體兩側上抬至右胸高度後，右手在前，左手在後，手臂自然直。右腳向後撤步的同時，雙手由掌變成拳，由前上至後下突然進行採勁至右胯處。定式時，右腿在前，左腿彎曲在後，身體重心在左腿。

再上左腿練習採勁的動作，要領相同，一直前行，如此反覆練習。（圖 6-31、6-32、6-33）

2.兩人對練

【動作】：甲上右步，出左拳擊打乙，乙左手抓拿住甲手腕後，甲翻轉手腕進行反擒拿的同時，上右步，右手上前配合左手，雙手抓拿住乙手腕處。然後雙腳向後撤步，同時雙手由右前上向左後下突然採勁，直至將乙採至身體失重或跌倒為止。

乙按此方法採勁，運用於甲。要領相同，兩人如此反覆練習。（圖 6-34、6-35、6-36）

【功效】：採勁具有採其梢節、斷其根、引進落空之功效。

【提示】：運用採勁時要與挒勁相結合，則能有效地防止對方乘勢進身反擊的作用，還能加強採勁的效果。採勁運用巧妙時，對方能體感到腦神經受到震動及肩關節有脫臼的現象。

採勁的運用方法還有採頭、採肩、採胸等用法。

圖 6–34

(六)挒　勁

挒勁通常是與擒拿動作結合而用的，在技擊中可一交手而制於對方九大關節：肩、肘、手、胯、膝、足、頸、脊、

圖 6–35

圖 6–36

腰。挒勁是當對方進攻時，先擒拿住對方的肢體部位進行扳擰錯分，形成反關節狀態後，在同一時間向相反的兩個方向快速突然彈抖，稱之為「挒勁」。

太極推手技擊無論是防守時的化勁，還是進攻時的發勁都需要用力。力學原理啟示我們，「力有三個要素，即力的大小、方向和作用點」。凡是兩個平行的力，其大小相等、方向相反，這在力學上叫做「槓桿原理」。

挒勁就是運用了力學中的槓桿原理，所以，挒法能有效地攔截圍堵住對方的進攻，並有傷筋、錯骨、截勁、截氣的防守反擊、後發制人的功效。可使對手有勁、有功夫也使不上，發揮不出正常水準。

挒勁運用方法有：手挒、肘挒、肩挒、胸挒、膝挒、腳與手合挒等等。

挒勁技術特點：意氣形合一地先擒拿住對方的肢體部位進行扳擰錯分，形成反關節狀態後，在同一時間內向相反的兩個方向快速突然彈抖，顯於外為挒勢，隱於內為挒勁，施於對方則為挒法。

1.單人練習

【動作】：無極起勢。右腳向前邁一步，右手心向上抬至與右肩同高，左手心向下按至左胯處，同時，身體重心向下降至兩腿彎曲，身體重心在左腿。

再上左腿練習挒勁的動作，要領相同，一直前行，如此反覆練習。（圖6-37、6-38、6-39）

圖 6-37

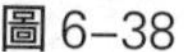
圖6-38

圖6-39

2.兩人對練

【動作】：乙上左步出左掌擊打甲，甲左手抓拿住乙手腕處，右手抓拿住肘關節，同時右腳上一步，甲左手向下按，右手向上手托，形成反關節狀態後，突然發出挒勁，直至將乙進攻來勢破壞掉為止。

乙按此方法挒勁，運用於甲。要領相同，兩人如此反覆練習。（圖6-40、6-41、6-42）

圖6-40

圖 6-41

圖 6-42

【功效】：挒勁具有攔堵圍截和擒拿反關節作用的傷筋、錯骨、截勁、截氣之功效。

【提示】：運用挒勁時具有傷害性，兩人練習時要點到為止，以免對方身體受到損傷。

捌勁的運用方法還有：捌肩關節、捌頸關節、捌腰關節、捌胯關節和捌膝關節等等。

(七)肘　勁

肘勁是以肘尖或肘的周圍部分接近人的身軀時並擊出，以肘技擊的方法，有時雖未將對方擊打出多遠，但由於肘法具有距離短、著力點面積小、爆發力大、穿透力強、力發一點、易於傷人等特點，一旦擊中後，往往能給對手以重創，使之喪失戰鬥能力而陷於被動挨打局面，從而起到有效地扼制對方的進攻。

太極推手技擊時肘法運用有兩種情況，第一，當我以拳掌進攻，被對方化解後越出了第一道防線時，再運用肘法進行技擊，此為補救之法。以肘出擊如同「短兵相接」的近距離作戰一樣，是拳、掌的後備軍。拳論中所述「遠拳近肘，貼身靠」即為此意。第二，對方以拳、掌進攻時，當攻破了我方防守的第一道防線後，我以肘出擊的方法進行阻擊攔截防守反擊，以防止對方攻破我第二道防線，有效地扼制住了對方的進攻。

肘勁運用方法有：單擊肘，雙擊肘，迎門肘，穿心肘，頂肘，挑肘，後掛肘，壓肘等等形式，有24種用法之多。

肘勁技術特點：意氣形合一地用肘向不同方向技擊，顯於外為肘勢，隱於內為肘勁，旋於對方則為肘法。

1.單人練習

【動作】：無極起勢。右腳向前邁一步，出右手抬至與肩平，手臂自然直，以手領腕旋轉一周後，由掌變成

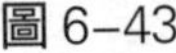
圖 6-43

圖 6-44

拳。左腳向前上一步，兩臂合抱於胸前，屈左肘向前擊出，身體重心落於左腿。再以右肘技擊動作，要領相同，一直前行，如此反覆練習。（圖 6-43、6-44）

2.兩人對練

【動作】：乙上右步出右拳擊打甲，甲出右手抓拿住乙右手後，上左步合雙肘，用左肘尖擊打乙左肋處。乙按此方法擊肘，運用於甲。要領相同，兩人如此反覆練習。（圖 6-45、6-46、6-47）

圖 6-45

圖 6–46

圖 6–47

【功效】：肘勁具有距離短、著力面積小、爆發力大、穿透力強、力發一點、點點透骨之功效。

【提示】：運用肘勁時具有傷害性，兩人練習時要點到為止，以免對方身體受到損傷。

(八)靠　勁

靠勁是當對方身體貼近之際時，用雄厚的內功作後盾，以崩炸勁靠之，像爆破山嶺一樣有崩塌之勢。由於靠勁動作面積大，接觸身體後作用力的時間相對較長，所以，靠法顯得雄厚有力，大有排山倒海之勢。

太極推手技擊運用靠法時有兩種情況：第一，我以拳或掌進攻，被對方化解，續以肘擊方法補救，又被對方化解，再以靠法連續進攻。此時的靠法猶如古代戰場上，大將出馬八面威風、氣勢逼人一樣。但若運用不當，後果不堪設想。第二，當對方進攻破壞了我第一、二道防線後，在彼順我背的形勢下，只能背水一戰用靠擊形式進行阻擊，運用得當，有化險為夷反敗為勝之功效。靠法是防守的最後一道防線，用靠法進行阻擊的成效如何，顯得尤為重要。一旦被對方摧毀了我方最後一道防線，會險象環生、後患無窮。

靠勁運用方法有：前肩靠，後肩靠，頭靠，胸靠，背靠，臀靠，胯靠，膝靠等等。

靠勁技術特點：意氣形合一地貼靠在對方身上，對準對方重心突然發勁，稱之為靠。顯於外是靠勢，隱於內為靠功，施於對方則為靠法。

1.單人練習

【動作】：無極起勢。右腳向前邁一步，右腿弓左腿蹬，重心在右腿。同時，左手上抬放在右肩內側，手掌心朝外，右手握拳自然垂直於右胯旁。再上左腿練習靠勁動

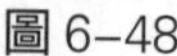

圖6-49

作，要領相同，一直前行，如此反覆練習。（圖 6-48、6-49）

2.兩人對練

【動作】：乙出右步右拳擊打甲，甲用左手掌撥打開乙右拳後，乘勢進步進身，用右肩靠擊乙肩肋部位，直至將乙靠擊出去為止。

乙按此方法靠勁，運用於甲。要領相同，兩人如此反覆練習。（圖 6-50、

圖6-50

圖 6-51

圖 6-52

6-51、6-52、6-53）

【功效】：靠勁具有雄厚的內功作後盾，以崩炸勁進行靠勁，能起到有效阻擊對方進攻、反敗為勝之功效。

【提示】：內氣充足是發揮靠勁威力的保證，所以，

圖 6–53

練習靠勁首先應在修練內功上多下工夫，以此提高靠勁質量。

太極八法方位圖解

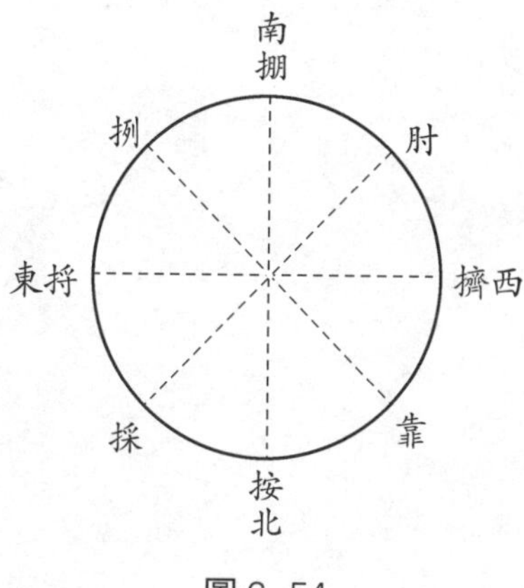

圖 6–54

第二節　太極十三勢組合練習

太極八法中的掤、捋、擠、按、採、挒、肘、靠與五行步法中的進、退、顧、盼、定合稱太極十三勢。

(一) 掤

【動作】：無極起勢。右腳向右前方近一步，雙手由左胯部向右上前方緩緩掤起，一直達到與鼻同高的位置。右手在前，左手在後，兩手心朝前，兩手臂呈弓形狀，相距 30 公分左右。同時，身體重心隨之由左腿逐漸過渡到右腿，形成前腿弓、後腿蹬之勢。眼看掤的方向。（圖 6-55、6-56）

圖 6-55

圖 6-56

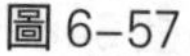
圖 6-57

圖 6-58

(二) 捋

【動作】：接上式。兩手腕旋轉一周，兩手心朝左。以手領腰、以腰帶手緩緩地由前向後平捋，雙手一直捋到與左肩同高的位置。左手在後，右手在前，兩手心朝外，兩臂呈弓形狀，相距 30 厘米左右。同時，身體重心隨之由右腿逐漸過渡到左腿。左腿彎曲，身體重心降落於左腿，兩手臂放鬆後垂落於左胯處。眼看捋的方向。（圖 6-57、6-58）

(三) 擠

【動作】：接上式。右腳向外擺 45°，身體重心由左腿過渡到右腿後，左腿抬起將左腳移放在右腳旁為虛步，腳後跟抬起前腳掌著地。左腳向左前方邁一步，屈肘抬手至右胸處，左手心朝後，右手心朝前，相距 20 公分左右。

圖 6-59

圖 6-60

然後兩手緩緩向左前方擠去，直到右胳膊自然直、兩手相合。同時，身體重心隨之由右腿逐漸過渡到左腿，形成前腿弓、後腿蹬之勢。眼看擠的方向。（圖 6-59、6-60）

圖 6-61

(四) 按

【動作】：接上式。兩手臂由前向後走弧形放於左胸前，兩手側斜手心朝下，相距10公分左右。然後，雙手由左胸向右下緩緩下按，直到右胯處，雙手距右胯 20 公分左右。同時，身體重心隨之由左腿逐漸過渡到右腿，右腿彎曲，身體重心降落於右腿。眼看按的方向。（圖 6-61、6-62）

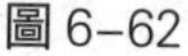
圖 6–62

圖 6–63

(五)採

【動作】：接上式。身體重心由右腿過渡到左腿後，隨右腿向前邁一大步時，身體重心再過渡到右腿。同時，雙手臂由體前交叉，由下向上抬時再分開，直至比肩略高，自然伸直，手心朝下，兩手臂相距與肩同寬。兩手由掌變成拳，突然迅速由前上向後下採勁。同時右腳迅速拉回至腳前，左腿彎曲，身體重心落於左腿。眼看採的方向。（圖 6-63、6-64、6-65）

圖 6–64

圖 6–65

圖 6–66

圖 6–67

（六）挒

【動作】：接上式。左腳上一步，右手上抬至與左肘平，手心朝下。兩手相距 50 公分左右。然後，突然左手向

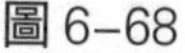
圖 6–68

圖 6–69

上托，右手向下按。眼看左手，同時，身體重心隨之下降。（圖 6-66、6-67）

（七）肘

【動作】：承接上式。雙手放鬆下落，右手臂上抬至與右肩平，胳膊自然直，手腕由右向左旋轉一周，由掌變成拳。右腳向前進一大步，同時，右手握拳屈肘向前出擊，拳心朝後，左手回收至左胯處，拳心朝上。身體重心隨之下降，形成前腿弓、後腿蹬之勢。眼看肘的方向。（圖 6-68、6-69）

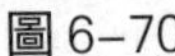
圖 6-70

圖 6-71

（八）靠

【動作】：接上式。右肘放鬆下落，左腳向前邁一大步，同時，左手握拳放於右臂後，右手上抬放於左肩內，掌心朝左。身體重心隨之由右腿過渡到左腿，形成前腿弓、後腿蹬之勢。眼看靠的方向。（圖 6-70、6-71）

第七章

太極推手技擊七種方法

太極推手技擊中各種技術的訓練方法，是根據太極拳理論中「沾連黏隨，不丟不頂，無過不及，隨屈就伸」的原則，是運用太極十三勢中掤、捋、擠、按、採、挒、肘、靠，進、退、顧、盼、定的技術內容，以「聽勁」的方法，來練習周身皮膚觸覺和內在感覺的靈敏性，以此發揮太極推手技擊中的「捨己從人」「引進落空」「乘勢借力」「以輕制重」「四兩撥千斤」技巧的。

第一節　學練步驟

1.太極推手的三個階段

練形階段

初練太極推手，首先要注意自己身體的各個部位是否符合動作要領及要求。因為太極拳和推手的動作是根據人的身體結構設計的，又和內氣運行路線密切相關。所以，練習好太極拳和推手中的動作至為重要，也是基本功。

太極拳推手與太極拳的不同之處是雙人對練。所以推手時，不僅要求自己能夠準確熟練地完成動作，更要注意與對手的配合，雙方動作要協調順隨。在「沾、黏、連、隨」和「聽勁」技術的實施下，以不丟不頂、不偏不抗為原則，力求動作圓滿柔順，無有凹凸、缺陷、斷續和頂抗之處。

練勁階段

此階段學練的主要內容是將練習太極拳時所得來的各種勁別運用到兩人推手實踐中去，以校正、掌握正確的程度。

其方法是，推手時甲方應用一種勁別施用於乙方，乙方則以「餵勁」（陪練）的方法協助配合對方反覆練習。然後，雙方交換練習：乙方施勁，甲方陪練，直至雙方都能達到熟練、準確運用為止，再進行其他勁別的練習。

此階段不僅要練習太極拳中包括的勁別動作，還要練習太極拳套路中體會不到的勁別動作，這也是這一階段的主要學練內容。其目的是將學練太極拳時所得來的各種勁別方面的知識，由感性認識通過推手實踐上升到理性認識水準。

懂勁階段

練習懂勁階段時，由以前甲方應用一種勁別施用於乙方、乙方以「餵勁」（陪練）的方法，改為甲乙雙方在一攻一守、一擊一化中求懂勁，並在推手實踐中分析、研究、體會怎樣才能達到以小力勝大力、四兩撥千斤、以巧取勝的技術效果。

推手時如出現「丟偏頂抗」「雙重」等現象，要學會懂得如何運用身法、步法、手法加以調整糾正。雙方互相攻防時，當拳或腳出了第一道防線後，要學會懂得如何使

圖 7–1

用肘法或膝法去進攻。當肘或膝出了第二道防線後，要學會懂得如何使用靠法去進攻。防守也是這樣。

以上都屬於懂勁階段的學練內容。由於推手功夫層次的不同，懂勁的水準也各不相同。

例如：活步推手階段的懂勁水準高於定步推手階段的懂勁。太極散手技擊階段的懂勁水準又明顯高於推手階段的懂勁。總之，藝無止境。

2.太極推手的距離標準

兩人在推手前，相對站立。相對站立的距離，以雙方各以兩手握拳、兩臂抬起伸直與肩同高、拳面相接觸為標準。要中正安舒地成立正姿勢，各自目視對方臉部。（圖7-1）

第二節　定步單推手

1.水平圈單推手

動作一：甲乙雙方同邁右腳，各上一步，兩腳間相距15公分左右；雙方同時伸右臂以手背相搭接，與腹同高，眼視對方。（圖7-2）

動作二：甲領乙右手臂，沿順時針方向水平圈旋轉運行一周。雙方身體重心相隨而動，在兩腿之間轉換。如此反覆練習。（圖7-3）

動作三：乙領甲右手臂向相反方向練習，要領相同。如此反覆練習後，換左腳左手練習此動作。（圖7-4）

【特點】：意圓，形圓，氣圓，內外合一，表裡一致。

圖7-2

圖 7–3

圖 7–4

【重點提示】：透過練習逐漸掌握圓形運動規律，在任何形勢和角度上都不被對方乘隙而入，處處圓轉自如，不受外來力的影響而破壞自身的平衡。同時也要求逐漸掌握在任何形勢和角度上能夠破壞對方的平衡。這是長期艱苦的鍛鍊過程。因此，單推手和雙推手畫圓圈的推手方法，是不斷提高太極推手技術水準的基本功。太極推手的基本功在於畫圓圈，初練太極單推手時轉圈的幅度要大，每畫一個圈為 360°，要求達到無凹凸、缺陷、斷續和頂抗之處。由長期練習逐步達到意圓、形圓、氣圓的練功效果。

2.橫立圈單推手

動作一：甲乙雙方同邁右腳，各上一步，兩腳之間相距 15 公分左右。雙方同時伸右臂以手背相搭接，與腹同高，左手叉腰，眼視對方。（圖 7-5）

動作二：甲領乙右手臂，沿順時針方向橫立圈旋轉運行一周。雙方身體重心相隨而動，在兩腿之間轉換。如此反覆練習。（圖 7-6）

動作三：乙領甲隨右手臂向相反方向練習，要領相同。如此反覆練習後，換左腳左手練習此動作。（圖

圖 7–5

7-7）

【特點】：「沾黏連隨」和「聽勁」是太極推手中的重要技術和獨特的訓練方法。初學太極推手先要從「沾黏連隨」和「聽勁」的初級階段學起。參考本書第八章第一

圖 7-6

圖 7-7

節沾黏連隨與聽勁。

【提示】：初學太極推手動作宜慢不宜快，因慢練能夠體會周身上下左右是否相隨、內外是否六合為一，還有利於找出自己的問題，查驗推手動作是否做到圓滿柔順，有無凹凸、缺陷、斷續和頂抗之處。有利於及時糾正問題。

3.豎立圈單推手

動作一：甲乙雙方同邁右腳，各上一步，兩腳之間相距 15 公分左右。雙方同時伸右臂以手背相搭接，與腹同高，眼視對方。（圖 7-8）

動作二：甲領乙右手臂，沿順時針方向豎立圈旋轉運行一周。雙方身體重心相隨而動，在兩腿之間輪換，如此反覆練習。（圖 7-9）

動作三：乙領甲右手臂向相反方向練習，要領相同。

圖 7–8

如此反覆練習後，換左腳左手練習此動作。（圖 7-10）

【特點】：同橫立圈單推手。

【提示】：練習太極推手有一定規矩，初學時要特別注意遵規守矩，要邊練邊檢查，發現問題及時糾正；要有

圖 7-9

圖 7-10

重點地糾正一些不正確的姿勢和勁別，使各種動作逐漸達到符合太極推手的各項要求。這樣學練看似進度不快，實際上基礎打得牢，有利於太極推手水準的逐步提高進步，亦為以後達到高級階段的「脫規矩而合規矩」的練功方法打下基礎。

第三節　活步單推手

1.纏絲單推手

動作一：甲乙雙方同邁右腳，各上一步，兩腳之間相距 15 公分左右。雙方同時伸右臂以手背相搭接，與肩同高，眼視對方。（圖 7-11）

動作二：甲進步，右手臂螺旋纏繞地由上向乙右胯下運行，乙退步相隨而動，雙方身體重心隨之下降。（圖

圖 7–11

7-12）

動作三：乙進步，右手臂螺旋纏繞地由上向甲方右胯下運行，甲退步相隨而動，雙方身體重心隨之下降。如此反覆練習後，雙方換左腳左手練習此動作。（圖 7-13）

圖 7-12

圖 7-13

【特點】：順逆纏絲，螺旋纏繞。

【提示】：參考本書第七章第四節「纏絲功」。

2.一攻一化單推手

動作一：甲乙雙方同邁右腳，各上一步，兩腳之間相距 15 公分左右。雙方同時伸右臂以手背相搭接，與胸同高，眼視對方。（圖 7-14）

動作二：甲右手為立掌，手心朝外，推向乙的身體中心處；乙退步轉胸轉腰右手走弧形向右下方引化開甲的進攻。（圖 7-15①）

動作三：乙右手為立掌，手心朝外，推向甲的身體中心處，甲轉胸轉腰右手走弧形向右下方引化開乙的進攻。雙方身體重心隨進退步在兩腿之間轉換。如此反覆練習後，換左腳左手練習此動作。（圖 7-15②）

【特點】：一攻一化，以柔克剛，捨己從人，引進落空。

圖 7-14

【提示】：有的學員推手動作做對了，但是，為什麼達不到理想的推手技擊效果呢？太極推手如果單憑動作做對了或雖觸覺靈敏，但缺乏一種渾厚又輕靈的內功，就很難引動對方、發放乾脆，相反倒容易被對方所引動。太極

圖 7-15①

圖 7-15②

推手技擊如果沒有充足的內功做後盾，出手就沒有威力，化勁化不好，發勁也發不好。想引進落空對方來勁，後而容易破壞自身的立身中正。這就是古人所講的，練動作容易練功夫難的道理。只有深入了功夫的層次，推手技擊時才能達到令自己滿意、令對手佩服的功效。

3.轉圈單推手

動作一：甲乙相對而立，之間距離以雙方兩臂向前握拳平舉、拳面相接觸為標準。兩人右手背腕部相搭接，左手叉腰，目視對方。（圖 7-16）

動作二：甲乙雙方邁步沿順時針方向轉圈行走，同時，兩人右臂也按順時針方向旋轉運行。身體重心下坐並隨步法變化在兩腿之間轉換。如此反覆練習後，換腿換手換方向練習此動作，要領相同。（圖 7-17、7-18）

【特點】：上下配合，手法、身法、步法協調一致。

圖 7–16

【提示】：轉圈單推手是在定步單推手的基礎上，進一步加強上下配合、手法身法步法協調一致的練功方法。太極推手對步法的要求是，進退轉換，虛實分明，前進後退，身隨腰轉；邁步要輕靈，落步要穩健，以支持和調節

圖 7–17

圖 7–18

全身重心的穩定。

第四節　定步雙推手

1.雙推手基本功

動作一：甲乙雙方同邁右腳，各上一步，兩腳之間相距 15 公分左右。雙方同時伸右臂以手背相搭接，與鼻同高，左手搭放在對方右肘上。（圖 7-19）

動作二：甲乙雙方手臂沿順時針方向旋轉一周，雙方身體重心相隨而動，在兩腿之間轉換。如此反覆練習。（圖 7-20）

動作三：甲乙雙方再向相反方向練習，沿逆時針方向旋轉運行一周，要領相同。如此反覆練習後，換左腿左手練習此動作。（圖 7-21）

圖 7-19

【特點】：掌握圓形運動規律，推手時在任何形勢和角度上都不被對方乘隙而入，處處圓轉自如，不因受外來力的影響而破壞自身平衡。

【提示】：雙推手初級階段是雙方動作配合的磨合

圖7-20

圖7-21

期。要求兩人動作沾黏連隨、不丟不頂、圓轉自如，沒有凹凸、棱角、斷續之處，逐漸達到協調一致。

2.纏絲雙推手

動作一：甲乙雙方同邁右腳，各上一步，兩腳之間相距 15 公分左右。雙方同時兩前臂相搭接，與胸同高，眼視對方。（圖 7-22）

動作二：甲領乙胳膊沿順時針方向做螺旋纏繞的反覆旋轉運行。雙方身體重心相隨而動，在兩腿之間轉換。（圖 7-23）

動作三：乙領甲胳膊沿逆時針方向做螺旋纏繞的反覆旋轉運行，要領相同。如此反覆練習後，換步練習此動作。（圖 7-24）

【特點】：纏絲雙推手是由纏絲單推手基礎上的大圈轉化過渡到中圈的練功方法。這是太極理論中「先求開

圖 7-22

展，後求緊湊」的練功步驟。

【提示】：待纏絲雙推手達到全身各個關節部位一轉無有不轉時，由於外有手圈、肘圈、肩圈、胸圈、腹圈、腰圈、胯圈、膝圈、足圈，內有內氣旋轉相隨而動，從而

圖 7–23

圖 7–24

達到了外呼內應、表裡一致的練功效果。這是纏絲功由大圈練至中圈、由中圈練至小圈的練功步驟。

待纏絲功修練至由小圈到外形看不出有圈而且「內勁潛轉」水準時（內氣在體內進行旋轉，鼓蕩運動），才算進入太極推手「由有形到無形無跡」的高深階段。

第五節　活步雙推手

1.一攻一化雙推手

動作一：甲乙相對而立，相距一臂左右。眼視對方。甲進右步，右手推乙左胸部，乙退左步，左手由下向上接住甲推手的手後，由前向後運行撥化開甲右手。同時，胸腰相隨向左轉動相助化勁。（圖 7-25、7-26）

動作二：甲進左步，左手推乙右胸部，乙退右步，右

圖 7-25

手由下向上接住甲推來的手後，由前向後撥化開甲左手。同時，胸腰相隨向右轉動相助化勁。雙方身體重心隨進退步在兩腿之間轉換。一直前行，反覆練習後，改為乙推甲、乙攻甲化的練習方法，要領相同。（圖 7-27、7-28）

圖 7-26

圖 7-27

圖 7–28

【特點】：沾黏連隨，不丟不頂，捨己從人，引進落空。

【提示】：太極推手動作先由初期的柔和緩慢學起，經過一個階段的練功有了一定基礎後，再練習快慢相結合的方法。要做到動作變化時能慢能快、有快有慢、快慢相間。快與慢的速度變化依據對方推手動作變化的速度而定。

太極推手技擊沒有迅速變化的應變能力，在技擊上是一個缺點。不可能應付對方迅速的襲擊，也不可能迅速進攻和退卻，所以，王宗岳在太極理論中主張「動急則急應，動緩則緩隨」。陳鑫也主張「纏繞回旋，至疾至迅」。古典太極拳論從來沒有主張過速度絕對均勻的練功方法。「運勁如抽絲」說明了柔緩的一面，「發勁如放箭」又說明了剛速的一面，這是極為辯證的。

2.四正雙推手

動作一：動作二與雙推手基本功動作相同，不再重複。

動作三：甲右手抓拿住乙右手腕，左手抓拿住乙右肘處，然後由前向後捋乙右臂。同時腰相隨右轉，右腿後撤一步，由前腿變成後腿，身體重心落於右腿。（圖 7-29）

動作四：乙捨己從人地順甲捋之勢進身，左手貼放在自己右前臂上相合後，向前擠甲胸腹處。（圖 7-30）

動作五：甲由捋變成用雙手臂向下按乙擠來的右手臂，身體重心隨之下降。（圖 7-31）

動作六：甲乙雙方再從初始的旋轉運行一周後，改為由乙捋甲、甲擠乙、乙按甲的練習方法。如此反覆練習後，雙方換方向，換腿換手練習此動作，要領相同。

【特點】：參考本書第六章「太極十三勢」。掤勁，

圖 7–29

圖 7–30

圖 7–31

捋勁，擠勁，按勁四節。

【提示】：四正雙推手是將練習太極拳時所得來的「四正勁」，是由太極推手的形式轉化過渡到實踐應用階段的練功方法。所以，我們要遵照學習前人總結出的「掤捋擠勁須認真，上下相隨人難侵」的練功經驗。

當雙方用掤勁時，我用捋勁來破，對方用捋勁時，我用擠勁來破，對方用擠勁時，我用按勁來破。以達到「上下相隨人難侵」的練功效果。總之，推手時兩人之間一攻一守、一發一化、一陰一陽、相生相剋、變化無窮。

第六節　順步雙推手

1.順步雙推手（大捋）

動作一：甲邁右腳上一步，乙邁左腳上一步，甲乙兩腿的小腿處相搭接，雙方身體重心在此腿；甲右手背與乙右手背相搭接，甲乙左手各貼放在對方的左肘上。（圖7-32）

圖 7–32

動作二：甲右手向右下弧行運行至搭放在乙的左肘上，左手向上弧行運行至與乙左手背相搭接，右手掤出與乙右手相搭接；乙也按此方法操作，雙方各沿順時針方向旋轉運行一周。同時，甲乙相搭接的兩腿也相隨沿順時針方向旋轉運行一周。（圖 7-33）

動作三：甲右手抓拿住乙右手腕，左手抓拿住乙右肘處，由前向後捋乙右臂；同時甲左腿隨之捋乙右腿，身體重心由左腿過渡到右腿。（圖 7-34）

動作四：乙捨己從人地順甲捋之勢而進身，左手貼放在自己的右前臂上相合後，向前擠甲胸腹處。（圖 7-35）

動作五：甲由捋變成用雙手臂向下按乙擠來的右手臂，身體重心隨之下降。（圖 7-36）

動作六：甲邁右腳上一步，與乙右腿相搭接；乙右腿向後撤一步後，甲乙雙方沿逆時針方向重複一遍上述動作。雙方如此反覆練習。（圖 7-37）

圖 7–33

【特點】：順步雙推手是陳式太極拳練習推手的方法，其特點是：上面沾黏連隨式地畫圈推手，下面也沾黏連隨式地畫圈推腿。順步雙推手以「大捋大靠」而得名，所以又有「大捋推手」之稱。

圖 7–34

圖 7–35

【提示】：練習順步雙推手時動作不要過低，以免丟失掤撐之勁而產生截形、截氣、氣滯的現象。

圖 7-36

圖 7-37

2.四方位順步雙推手

四方位順步雙推手均與順步雙推手的**動作一、動作二、動作三、動作四、動作五**相同，故不再重複。

動作六：甲右手抓拿住乙右手腕，左手貼放在乙右肘處，乙左手貼放在自己右肘內側。甲乙各抬外側腿。由甲引領乙向東方向行走數步後，同時轉身，甲右腿與乙左腿相搭接，再重複練習一遍動作一至動作五。（圖 7-38）

動作七：由乙領甲隨向西方向行走數步後，再重複練習一遍順步雙推手動作一至動作五。南北方向亦如此，兩人如此反覆練習。（圖 7-39）

【特點】：加強對五行步法進、退、顧、盼、定的練習方法。

【提示】：參考本書第三章第三節「步法」。

圖 7-38

圖 7–39

3.轉圈順步雙推手

轉圈順步雙推手均與順步雙推手的**動作一、動作二、動作三、動作四、動作五**相同，故不再重複。

動作六：甲右手抓拿住乙右手腕，左手貼放在乙右肘處，乙左手貼放在自己右肘內側。然後甲邁左腿在前，乙邁左腿在後，由甲領乙隨，旋轉行走一周後，甲左腿與乙右腿相搭接，再重複練習一遍順步雙推手動作一至動作五。（圖 7-40）

動作七：兩人換手、換腿、換方向，由乙領甲隨旋轉一周後，乙右腿與甲左腿相搭接，再重複練習一遍順步雙推手動作一至動作五。兩人如此反覆練習。（圖 7-41）

【特點】：在順步推手和四方位順步雙推手的基礎上，將擒拿與發放靈活善變地加入轉圈順步雙推手（自由）階段。

圖 7–40

圖 7–41

【提示】：參考本書第一章第五節「占中門與搶外門」。

第七節　散推手（自由）

【動作】：兩人先練習一會兒「雙推手基本功」，再進行沒有具體規定動作的散推手（自由）練習。（圖 7-42、7-43、7-44）

【特點】：雙方在沾黏連隨的情況下，自由發揮學習過的太極推手中的各種技擊動作和勁別。

【提示】：太極推手中的每一個動作，雖然都有它主要的攻防作用，但懂得它的技擊方法，不等於能靈活善變地運用於技擊上。如果拘泥執著於固定的技擊動作，就會犯「刻舟求劍」的毛病。所以，我們要學會將太極推手中的各種技擊動作和勁別靈活善變地運用到散推手（自由）和太極散手之中。

圖 7-42

圖 7–43

圖 7–44

第八節　太極散手

（年長者為甲方，年輕者為乙方）

（一）彈簧勁

乙向甲突然撲來。（圖 7-45）

圖 7-45

乙雙手用勁推甲雙上臂。（圖 7-46）

圖 7-46

甲順勢身體由前向後運動，身體重心由右腿過渡到左腿。（圖 7-47）

圖 7-47

甲運用「欲前先後」的方法，化解乙撲來之勁。（圖7-48）

圖 7–48

待乙舊勁已逝，新勁生之際，甲方轉守為攻，運用「彈簧勁」，將乙彈擊出去。（圖 7-49、7-50、7-51、7-52）

圖 7–49

圖 7-50

圖 7-51

圖 7-52

（二）腿 法

乙上右步，出右拳擊打甲左胸部。（圖 7-53）

圖 7-53

甲左手撥化開乙擊打來的右拳。（圖 7-54）

圖 7-54

甲抬右手順勢放在乙頸部。（圖 7-55、7-56）

圖 7-55

圖 7–56

同時甲順勢上步，將右腳放在乙右腿內側。（圖7-57）

圖 7–57

甲方用右腳踢乙的右腿，同時用右手切擊乙頸部。（圖 7-58）

圖 7-58

甲將乙擊打在地。（圖 7-59、7-60）

圖 7-59

圖 7-60

（三）纏絲功

乙上前右手抓拿住甲右手，左手放在甲右肘處。（圖7-61）

圖 7-61

乙旋擰擒拿甲右臂。（圖 7-62）

圖 7–62

甲運用「纏絲功」旋轉右臂。（圖 7-63）

圖 7–63

甲化解開乙的擒拿。（圖 7-64）

圖 7–64

甲進行反擒拿。（圖 7-65）

圖 7–65

甲擒拿住乙後。（圖 7-66）

圖 7-66

甲向下壓乙。（圖 7-67）

圖 7-67

甲順勢發放，將乙擊倒在地。（圖 7-68）

圖 7-68

（四）以腰為軸

乙上右步，出右拳擊打甲左胸部，甲抬左手相迎。（圖 7-69）

圖 7-69

甲撥化開乙擊來的右拳後。（圖 7-70）

圖 7-70

甲順勢進身。（圖 7-71）

圖 7-71

甲用右手臂摟抱住乙頭頸處。（圖 7-72）

圖 7-72

甲右手拉乙頭頸，左手推乙右手臂。（圖 7-73、7-74）

圖 7-73

圖 7–74

甲以腰為軸，轉身將乙掀翻在地。（圖 7-75、7-76）

圖 7–75

圖 7-76

第八章

太極勁精華

太極拳裡有各種各樣的勁，歸納起來可分為「明勁」「暗勁」兩種形式。「明勁」練拳時看得見，易理解和掌握；「暗勁」則隱藏於內，看不見摸不著，不易理解和掌握。例如：「沾黏連隨」「聽勁」「化勁」「問勁」「引進落空」「四兩撥千斤」等等重要技術要領，只有透過太極推手技擊的形式，才能真正體會、理解和掌握。

第一節　沾黏連隨與聽勁

沾黏連隨是練習太極推手很獨特的訓練方法，是由推手時兩人身肢相接觸時互相以沾黏連隨的技術、以「聽勁」的方法來實施運用太極十三勢「挪捋擠按，採挒肘靠，進退顧盼定」的。

所以說，太極推手不僅是運用太極十三勢的過程，也是沾黏連隨的過程，更是「聽勁」的全過程，它貫穿於太極推手運動的始終。

沾黏連隨是產生「聽勁」的重要條件，可以這樣認為，沒有沾黏連隨就沒有「聽勁」，它們之間是互相依賴、互補互濟、缺一不可的密切關係。因為產生「聽勁」

的首要條件是必須與對方的身肢及勁力相接觸，透過接觸摩擦感知對方體內外變化，分析判斷出對方的意圖、力量、方位、路線、角度等等，進而決定是進攻還是防守。「聽勁」運用純熟時手上有分寸，便能達到「秤彼勁知大小，分厘不錯，權衡彼來勁知長短，毫髮無差」的水準。

怎樣才能在推手時準確無誤地掌握好「火候」，把「聽勁」運用得恰到好處呢？這就要求我們在練習推手時，在沾黏連隨中每招每勢都要做到不丟、不頂、不抗、不匾，相依相順、捨己從人。不管對方的動作、勁路如何千變萬化，我都萬變不離其宗。

在與對方肢體相接觸之處如膠似漆、沾黏不離，使對方甩不掉、脫不開。沾黏部位要起到「吸盤」的作用，一旦吸附到對方身體的某一部位，不管對方如何變化我都如同吸盤上的監聽器一樣，時時刻刻刺探著對方的一舉一動各種內外變化。「聽勁」功夫精深者甚至能將對方的呼吸、心律、脈搏的跳動變化都能體查感知到。如同中醫師給患者摸脈看病一樣。

沾黏連隨和「聽勁」的一個很重要的作用是防範於未然，使對手無法用招進招、發揮出正常技術水準，造成對方「聽勁」不準不靈，招數和勁力變化在我之後。我則以「聽勁」的方法，運用沾黏連隨的技巧伺機尋找對方破綻。尋找對方的薄弱環節、力點變化，然後採用隨化隨發的戰術，引進對方的重心，使其身體勁力落空後而發之。「聽勁」就是要達到以靜制動、後發先至的目的。

推手時如對方動作變化大，我的動作也相應大，對方動作變化小，我也相應變化小。不管對方從任何方向、路線及角度來進攻，我都相應地採用同樣的形式來緊緊跟住對方。要「眼看耳聽知其外，沾黏連隨知其內」。做到了這些即可達到不丟、不頂、不抗、不匾的懂勁階段。所以「聽勁」是練習太極推手逐漸達到懂勁的必修之路。

掌握「聽勁」的一個重要方面是學會放鬆。只有在精神、意念、關節和肌膚放鬆的前提下，才能協調地配合沾黏連隨和太極十三勢完成「聽勁」。因為放鬆能提高機體內部各個器官、肌膚、關節及各神經系統的靈敏度和反應能力。如果精神、意念、肌膚、關節處於緊張僵滯狀態，不僅「聽勁」不準不靈，還會出現反應呆滯、勁力僵硬甚至「丟偏頂抗」等弊病。所以，拳論中強調「節節放鬆，皮毛要攻，周身貫串，虛靈在中。」

放鬆還能使氣沉丹田，身體重心下降，增加下肢力量下盤功夫，有利於加強內外相合、裡呼外應的效果。長期的放鬆練習會使身體內部逐漸鍛鍊產生出一種既輕靈又沉重又富有韌性的內勁。這種內勁形成後會使肌膚觸覺越加敏感。這種敏感性的加強，自然而然地會將對方來勁化掉，或由大化小、由小化弱。所以說，化勁是在肌膚有了非常敏感的「聽勁」基礎上才能達到並運用好的。

反之「聽勁」掌握不好，就如同瞎子走路不明方向、不知深淺一樣。造成「聽勁」不好的原因大致有以下幾個方面：

兩人在練習推手時如沾黏部位過緊，「聽勁」就差，會出現反應遲鈍、力量呆板、反應變化慢等等；沾黏部位過鬆又會犯丟勁之病。丟勁是由於推手時沒有正確掌握沾黏連隨的技術要求，沒有做到沾黏住對方的肢體，或跟不上對方勁路的變化，與對方肢體或勁路相脫節。

例如：推手時我引捋對方勁向前行，而對方卻偏偏不向前行或原地不動，或是向其相反方向拖拉奪勁，以致最後兩人相接觸的部位出現了脫離、斷開。出現與對方肢體脫離斷開為「丟形」，跟不上對方勁路變化為「丟勁」，丟形比丟勁更為嚴重。

所以，要想提高太極推手技術水準，首先要在沾黏連隨和「聽勁」上狠下工夫。因為只有由「聽勁」才能掌握對方來龍去脈，形成「人不知我、我獨知人」的「聽勁」技術，才能隨機應變地將對方各種來勁化掉。達到「一羽不能加，蠅蟲不能落，黏住不能走」的上乘功夫。

綜上所述：沾黏連隨是產生「聽勁」的重要技術手段，「聽勁」是用於太極推手時觀察了解對方意圖、偵察對方勁力變化的必修之路，最重要的基本功。要經過如下四個學練階段——

第一，「骨感」階段：

指初學太極推手時「聽勁」不靈不準，當外來力深透入骨後才感知受到威脅，所以，緊急應變時常常處於被動局面，「頂牛」式的硬拼現象經常出現在這一階段。

由「骨感」階段的練習，可使周身關節肌肉僵硬、不放鬆的狀況得到改善，隨著太極推手技術掌握熟練程度的提高，「頂牛」式的硬拼現象會逐漸減少。

第二，「肌肉感」階段：

當外來力達到肌肉層時，「聽勁」能感知、辨別出對方勁力的大小、方向、緩急、虛實、曲直等變化，並較好地把握引、化、拿、發的時機和節奏。太極推手一旦達到此階段「聽勁」水準，猶如中醫師給病人看病時「號脈」，只需輕輕觸及便能清晰辨別出病人體內的陰陽虛實變化。

第三，「膚毫感」階段：

雙方僅憑肌膚觸覺（即神經末梢的知覺）便能感知對方來勁變化，這是「聽勁」水準達到高級階段時的技術運用方法。此時，全憑「聽勁」和神經末梢來感知判斷，是未經意念思考而產生的「條件反射」。這種「條件反射」是在長期推手實踐中形成的。

達到「膚毫感」階段的「聽勁」水準時，推手時可體感到「彼不動，我不動，彼微動，我先行」「一羽不能加，蠅蟲不能落」一觸即知的高級水準。

第四，「氣感」階段：

太極推手技擊時利用「氣磁場」效應來感知對方各種變化。此時的「聽勁」如同探測器一樣，能準確接收到對方功率的大小、強弱、遠近及方位等信號反應，是「聽勁」技術達到「人不知我，我獨知人」微感靈知的最上乘水準。

第二節　問　勁

「問勁」是指在不了解對方意圖、勁力的情況下，為防其中有詐、中「埋伏」，先投石問路，給對方不定量的勁，以探試對方虛實的技法。「問勁」運用得好，能收事半功倍之效。「問勁」是手段，問勁又是綜合性技術，所以運用時要見機行事、靈活多變，又要有勇有謀，妙於以智、以巧取勝，才能掌握推手技擊的主動權。

「問勁」運用時的表現方法，一般以掌法為多見，但也有在被動的情況下施用「問勁」的。又稱為反「問勁」。例如：推手技擊時，在被對方抓住我手腕、胳膊或被對方推住我胸腹時，方可使用反「問勁」。反「問勁」是太極推手技擊中高級階段的訓練方法，只有在熟練掌握「問勁」的基礎上，才能逐漸達到「反問勁」的功夫。反「問勁」運用巧妙時，不僅能化險為夷，還能結合別的勁法達到反敗為勝的技擊效果。

推手技擊時的任何一方使用「問勁」時，對方必然會有問有答，做出相應反應。其表現形式有如下三種：

1. 當我以暗勁較輕手法向對方運用「問勁」時，在沒有觸及對方要害的情況下，也就是對方沒有感到自己受到威脅時，可能會置之不理、靜以待動。此時我應繼續向對方略施壓力，以取得「問勁」效應，即觀察出對方的反應變化。

2. 當我更進一步以暗勁向對方施加壓力進行滲透並逐漸破壞對方身體重心時，如對方感到不適會以走化的方法化解我的「問勁」，以維護身體的中正。這時我應由問勁迅速轉化為擠跟勁，直逼對方要害，以全面擊潰對方的防線。但此時值得注意的是，必須首先保持自己在中正不偏的情況下，才能向外延伸擠跟勁。如果運用擠跟勁出了中正範圍，反而可能被對方利用，即授之以柄。

3. 當我「問勁」對方，對方以實力相抗，出現互相對峙的情況時，我應在相抗衡的一瞬間迅速撤回「問勁」，使對方身體突然失重，引進落空即成事實。此時，我應當機立斷，抓住戰機迅速出擊，就勢而發，必然取勝。

推手「問勁」時，如何掌握好尺度與火候最為關鍵，既要做到運用得恰到好處、點到為止，又要無過不及，防止出現物極必反。過之，必然會把我意圖、勁力暴露給對方，反被對方所利用，以致誤中「埋伏」後受人所制，讓人牽著鼻子走；不及則不能全面了解、掌握對方詳情，不能引蛇出洞，試探出對方的真正「火力」來。所以，在保持高度警惕的前提下，又要敢於深入虎穴，才能達到「問勁」的目的。

問勁技術特點

方法	以接觸點的變化，了解對方情況
用勁與動向	由外而內，先輕漸重，重而變輕
性質	投石問路，引蛇出洞
作用	引進落空，牽動重心

第三節　寸　勁

在很短距離內突發的勁叫「寸勁」。此勁具有很強的技擊效果。又因在短距離內突然發勁，所以常使對手防不勝防，就是反應過來後也躲閃不及，處於被動挨打境地。因它的威懾力和破壞力很強，是傷及內臟的一種特殊技術手段，使用此招數時往往是在對手沒提防的情況下，突然以驚炸式的擊打來摧垮對手的意、氣、神，因而使對手受到震驚。

我國拳種較多，對於「寸勁」也叫法不一，有「寸勁」「震勁」「驚炸勁」「點勁」等等。太極拳則更形象地把「寸勁」比喻為「勁發一點，點點透骨」。

此勁擊打的效果對人體表面破壞性不大，主要是對人體內臟受到打擊後產生傳導力，形成對內臟的穿透力與震動。擊中後往往有心慌意亂、想嘔吐的感覺。輕者可喪失戰鬥力，重者會吐血死亡。這是太極技擊時打其外、傷其內的特殊方法。掌、拳、肘擊打都可以產生這種效果。

技擊時，被擊中者體內會引起震動衝擊波的效果，如同山谷中的回聲，受到阻擋又折射回來，產生回音共震共鳴、久久不散。

由於胸腹部被擊中，在胸腹腔內引起衝擊波使體內產生震顫，衝擊內臟後撞到脊柱上進而折射返回，再次形成對內臟的衝擊。擊中心臟會出現心慌、心律不整或心跳加速的現象；擊中胃部會嘔吐、噁心或吐血；擊中肝臟，則有內出血現象產生。這是由於受震擊後，引起胃、肝臟血管破裂所致。在這種情況下回聲效果很高，震勁頻率也隨之加大。

「寸勁」與其說快而重，不如說勁發一點更為有效，穿透力越強越能引起最佳的技擊效果。特別是第一次擊中後，不讓對手有喘息的機會而連續擊打，就會像發生海嘯一樣，有後浪推前浪之勢，使人體內部產生連續衝擊力，致使內臟受到亂震後導致心臟紊亂、血管破裂、內臟出血，所以，對身體損傷破壞性很大，必須引起高度重視。

在平時，兩人練習要點到為止，掌握好尺寸，以免發生危險。在一般情況下不要輕易使用此技術（在生命受到外來威脅時方能使用）。

太極推手技擊是對抗性運動，其發勁主要有兩種：一是長勁，二是短勁。長勁可以把人擊發出去很遠或擊倒在地，對人體內部一般不會形成很大的威脅，是太極推手時常用手法技巧之一。短勁則是以寸勁的技擊手法打擊對手，雖然沒有將對手打出多遠，但是，以迅雷不及掩耳的擊打形成了人體內部震動衝擊的威脅，能把對手的精神摧垮，進而喪失反抗能力。

如何才能練出並掌握運用好寸勁技術呢？這就要在平時刻苦練功時細心觀察、認真體會、反覆實踐，要注意出手做到虛實分明、快慢相間、沾身成拳；要意與氣合、氣與力合、手與足合、肘與膝合、肩與胯合，將內三合與外三合合為一體，才能將全身的意、氣、神、力集中在一起而達到「勁發一點」，如此，「寸勁」才更具威力。

為什麼有人動作做對了，道理也明白，可就是達不到預想的效果呢？這是因為功夫不到家所致，還應刻苦努力，功到自然成。功夫深時，產生穿透力的效果則會更大更強。如果招數運用得當，則能以小力破大力，以弱勝強，四兩擊千斤，以巧取勝。

【動作一】：乙上右步出右拳擊打甲胸部時，甲用左手撥化開乙右拳。（圖 8-1-①、8-1-②）

【動作一】：然後甲出右拳，觸身成拳打擊乙胸部。（圖 8-2）

圖 8-1-①

圖 8-1-②

【特點】：擊其外，傷其內。

【提示】：寸勁的技擊部位都是人體的要害部位，因此，練習寸勁一定要掌握好分寸，要點到為止，以免傷害對方。

圖 8–2

第四節　纏絲勁

纏絲勁是練習太極推手既科學又獨特的訓練方法，是隱於體內、入於骨縫、循經走脈、纏繞運行而流布全身的一種內功。

大致分為裡纏、外纏、大纏、小纏、左纏、右纏、上纏、下纏、前纏、後纏、正纏、斜纏等等表現方式。

但歸納起來可分為兩種：順纏和逆纏。小指由上向下、拇指由下向上合為順纏；反之拇指由上向下、小指由下向上領勁為逆纏。肘關節向外開、勁力向外走為逆纏；肘關節向裡合，勁力向內走為順纏。身及腿亦是如此。推手時都要做螺旋式纏絲、伸縮而形成圓形運動。

練習纏絲勁的運用及提高有以下幾個轉變過程，先練由大圈至中圈，再練由中圈變小圈，直至達到有圈而不見圈、有形而不見形的精深功夫。這樣在推手時就能達到力發一點，點點透骨了。

這是纏絲勁高深功夫的表現。打一比喻：如果我用2500克重的棉被來打你，你不會害怕會傷到自己，反過來我用同樣重的鐵砣來打你，你馬上就會意識到身體或生命受到威脅了。這是什麼原因呢？這就是同樣的重量只因為體積變小而力量集中了的緣故，所以，會在小的體積上產生出巨大的能量與穿透力。這樣的效果運用於推手技擊搏爭之中，能起到以小力破大力、以弱勝強、四兩撥千斤的作用。

此功法是練習太極推手的重要技術，也是基本功，運用在推手上可處處體現環形運動，使頸、胸、腰、腹、臀、肩、肘、腕、胯、膝、足處處纏絲，使全身上下18個關節部位形成18個小球，多方位地同時順逆螺旋纏繞，從而使全身成為一個動靜相兼、蓄發相變、內外合一、上下相隨、周身一家、混元一體的太極球。

故拳經云：「渾身俱是纏絲勁，大約裡纏、外纏、皆是隨動而發」，「其勁皆發於心內，入於骨縫，外達於肌膚」。五臟藏於胸腹，經絡源於五臟，心為一身之主，腹為內氣之源，腰為發動之機，胸為運化之府，脊為督氣之徑，肢為運動之道。

推手時如氣海不做吸引、胸腹不做開合，則中氣就不能達於丹田，百脈也難以溝通。故外則通過腰脊的螺旋運轉、胸腹的折疊運化來帶動肩、肘、腕、胯、膝、足和項的螺旋運動，上由頭頂下至足上下相隨，螺旋升降，一動無有不動之處，一纏無有不纏之處而形成18道螺旋之圈；內則以心神為君，腎間動氣，發於丹田，貫於經絡，行於血脈，入於骨縫，達於四梢。纏繞運行使之周流全身，而

沒有螺旋力穿透力差　有螺旋力穿透力差

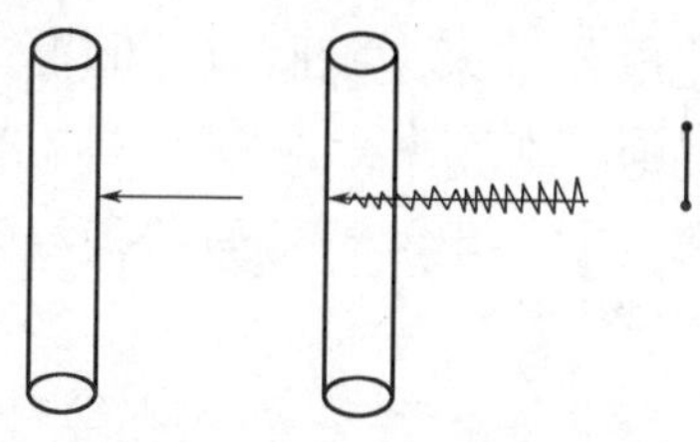

又復歸丹田。其重要者，即氣不離丹田。諸靠纏繞心身一家，可練至一粒混元之氣，形成一股而非幾股的纏絲內勁，可見內纏外繞最為重要，也最為基本。

要想明其理、懂其法並應用之，須有明師指導引路，再經過長期認真刻苦研練，功到自然成，一定能掌握並運用好纏絲勁，使推手水準有更進一步提高。

【動作一】：乙上右步用雙手抓住甲雙臂後，用勁前推。（圖 8-3）

圖 8-3

【動作二】：甲右臂保持不動，左臂向後方向呈螺旋式運行。化解乙推來之勢時為「順纏」，為「化勁」，直到乙舊勁已逝、新勁未生之際。（圖 8-4）

【動作三】：甲左臂按原路線呈螺旋式運動迅速返回

圖 8-4

圖 8-5

時為「逆纏」，為「發勁」，同時，右臂相助，直至將乙發放出去。（圖 8-5）

【特點】：勁走螺旋，力發一點，點點透骨。

【提示】：太極拳名家在推手技術上之所以能夠做到「人不知我，我獨知人」的地步，主要在於運勁似螺旋的「勁由內換」「內氣潛轉」的內動。自己運勁的路線、方向、力點，裡邊先在變換，處處跟對方的動作合拍，如膠黏物。

但是，意勁又處處走在對方的前面，因此，對方不易察覺。因為這種練法細緻、高級，因此，不論應用在療病保健、增強體質或提高技術上，效果都比較好。

第五節　發　勁

從外形上看，太極推手發勁的方式變化很多，但研究起來實質上只有長勁和短勁。長短勁之分是指力量在對方身上起作用的時間長短而言。

長勁是以起於腳、形於手、通於脊、主宰於腰為主要動力，由下而上、節節貫穿、順勢前推。由於用力的作用時間長，往往能將對方推出去很遠，其優點是不會使對方受傷。對功力不深、還不能掌握技擊「尺寸」的初學者可先練習長勁。

但由於初學者往往在還沒有完全化掉對方來勁後就進行發勁，容易由於發勁技術運用不當而造成頂抗之病，即使將對方勉強推出去，也不能讓對方心悅誠服。

查其原因有三：

其一，自身的明勁還沒有徹底丟掉，變化時容易讓對方事先查覺而有防範；外三合、內三合配合不好，發勁時往往只用胳膊或身體局部用力，不能達到內外相合、周身一家。

其二，化勁好不好，能不能將對方引進落空，對發勁的技術質量起著關鍵的作用，如對方進攻時，首先應採用化勁的方法，將對方的來勢、來勁化掉，讓其勁和形落空後，在對方失重或難以保持立身中正的情況下再進行發勁，這樣才能做到乾脆、俐落地將對手發放出去。

其三，有人發勁時動作做對了，但是效果不理想，是什麼原因？功力不足，內功跟不上，也是造成發功不好的原因之一。

太極推手時以「寸勁」「震勁」或用肘法技擊稱之為「短勁」。由於發勁時間短、速度快、線路短、內勁整，大有迅雷不及掩耳之勢，所以，能產生出極大的穿透力和震撼力，使對手在毫無戒備的情況下丟失應變能力和戰鬥能力。

推手技擊時要盡量掌握好發勁的「尺寸」、輕重，應考慮到對方的承受能力，要點到為止，以免對方受到傷害。短勁是內功能量的外發，所以，練習好內功是發放「短勁」的基礎。短勁的訓練應用，應在長勁掌握好了以後再做更進一步的提高練習。

練習發勁階段，須研究發放與呼吸相配合的方法。吸為蓄，蓄氣、蓄勁；吸為合，合形、合氣。吸時使氣、勁、形蓄合到位。呼為開，為發，為放。吸蓄合得足，才能發放得透。吸時能自然提得起人之腳跟，呼時能自然沉得下，發放人出而乾脆、俐落。吸提時氣沉丹田，呼放時隨形而至。

發放勁時由於速度快、落點準、內勁足，黏著點處突然放勁，會令對方來不及反應，無從運化，即已騰空而出，達到了蓄發相變的高級階段。

另外，發勁時注意不要犯猶疑之病，要隨機應變、果斷處理。要去就去，要發就發，令對手不易變化。

平時可進行單人練習發勁的幾個動作，從正面、側面、反面反覆連續地專門練習蓄發，使手臂、肩、胸、腹、胯、背、臀等部位產生彈震勁，然後再進行雙人對練，即以「餵勁」的方法互相研究蓄發勁的正確程度。

【動作一】：乙上步用雙手撲推甲胸部。（圖 8-6）

圖 8–6

圖 8–7

圖 8–8

【動作二】：當乙雙手觸到甲胸部的剎那間，甲「一觸即發」地將乙發出去。（圖 8-7、8-8）

【特點】：蓄勁如開弓，發勁似放箭，一觸即發，彈抖崩炸。

【提示】：這是練習發勁達到高級水準「一觸即發」的一個典範。

練習發勁提高技術質量有三個階段：

1. 先「引進落空」，後「合即出」。

2. 即引即發為發中有化、化中有發。

3. 一觸即發。

第六節　化　勁

練習化勁時的「引進落空」，要與「合即出」的發放勁結合在一起功效會更好。如果推手時只練習化勁，而不結合發放勁在一起練習，只能說做對了一半，在實戰中往往會讓對手有機可乘，變主動為被動。所以，我們應遵循古人「引進落空合即出」的練功經驗。

學練化勁分為三個階段：

第一階段，「先引後進」。是引化開來勁使之落空後再進擊的方法，是初學階段先求大引大進的練功步驟，這個學習階段的時間要長一些，要先把「捨己從人」的柔化勁練到身上後，再練習「半引半進」。

第二階段，「半引半進」。是身體某部位稍向後運動進行「引進落空」，再進行「合即出」的方法。這是在「先引後進」技巧熟練運用的基礎上，進一步練習化勁的方法。

第三階段，「即引即進」。是內外螺旋纏繞式的運動，經過這個階段的練習，兩人之間的動作會越練越緊密，越練圈越小，直至外動不易被人察覺、「內勁潛換」的練功效果。「即引即進」有全身都是手、何處挨著何處化、何處挨著何處發、化中有發、發中有化、一觸即旋、一動一太極之功效。

【動作】：當乙右手用勁推甲方左胸時，甲以脊腰為軸，左胸向左運行化勁；同時，用右手推乙方左胸，直至將乙引進落空或失重。（圖 8-9、8-10、8-11）

【特點】：可柔可剛，不頂不抗，捨己從人，引進落空。

【提示】：此動作的化勁，對方如同推圓形的旋轉門一樣，門軸在中心處，一觸即旋，一進一出，一化一發。

圖 8–9

圖 8-10

圖 8-11

第七節　截　勁

【動作】：當乙上右步出右掌朝甲胸部擊打時，甲左手抓住乙右手腕後向下按，右手抓住肘關節向上擰，形成反關節狀態，攔截住了乙的進攻之勢。（圖 8-12、8-13、8-14）

【特點】：攔堵封截，後發制人。

【提示】：截勁有一交手而制於對方周身九大關節的威力：肩、肘、手、胯、膝、足、頸、脊、腰，並有傷筋、錯骨、截勁、截氣的技擊作用。

太極推手技擊時截勁的方法有許多種，如：挒勁、擒拿、反擒拿等均為截勁的表現形式。練習截勁時，要注意掌握時機最為關鍵，因為截勁運用早了，不能「引蛇出洞」，如在敵強我弱的情況下，運用晚了會導致被動。

圖 8–12

圖 8–13

圖 8–14

第八節　橫勁（四兩撥千斤）

【動作】：當乙右手抓住甲衣領不放時，甲右手抓住乙右手，左肘放在乙右肘處，然後由左向右運動，腰同時向右旋轉，身體重心隨之下降，將乙「撥」倒在地。（圖 8-15、8-16、8-17）

【特點】：以橫破直，以巧撥千斤。

圖 8–15

圖 8–16

圖 8–17

【提示】：橫勁是以橫破直、以巧撥千斤的技術，可使對方有功夫、有勁也使不上，不能發揮出正常的技術水平。橫勁在外來力的影響下，距離越短，力距越小就會費力，功效就會越小。相反，距離越長，力距越大就會省力，功效也會越大。這就是太極拳理論中所強調的「四兩撥千斤」之技。

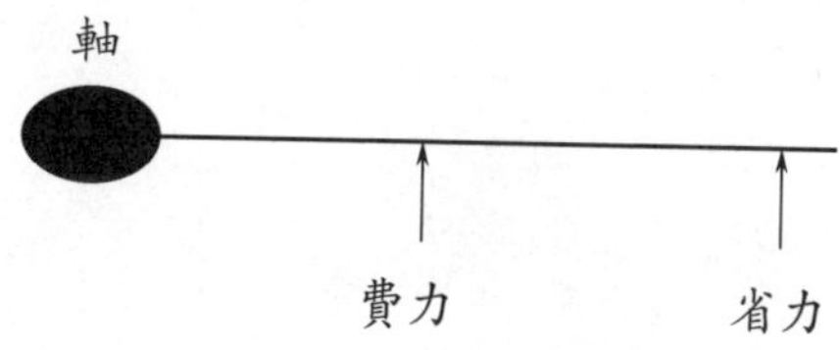

那麼，當對方千斤之力推到你身上，或是與對方的力相接觸的剎那間，怎樣才能達到「四兩撥千斤」之功效呢？首先，你必須具備承受千斤以上的能力（指功夫），再運用太極推手技術中獨有的技術方法，如「捨己從人」

「引進落空」「借勁使勁」等等，達到以小力勝大力、以巧取勝的「四兩撥千斤」之功效。反之，如果沒有承載千斤的功夫做後盾，「四兩撥千斤」之技，也只能是一句空談。這就是為什麼有一些人在推手技擊時，動作做對了，道理也明白，但是，一到推手技擊實戰時，發揮得總是不盡如人意的主要原因。

太極推手技擊注重有實力（指功夫），但是，推手技擊時強調的是運用技巧來戰勝對手，而不是像對外家拳那樣，「以大力打小力」「以強勝弱」，或是「以千斤對千斤」硬打硬拼式的技擊方法。

第九節　丹田勁

【動作】：當乙上步雙手用勁推甲方腹部丹田時，丹

圖 8–18

圖 8–19

田內氣做一個「前後鼓蕩」運動，用丹田將乙發放出去。（圖 8-18、8-19）

【特點】：丹田成形，內氣旋轉，前後鼓蕩。

【提示】：待中丹田修練到猶如一個充滿了內氣的皮球後，當受到外力擊打時，就掌握了將對方繃彈出去、或利用丹田進行擒拿之功效。

第十節　彈簧勁（欲上先下）

【動作】：當乙抓住甲雙前臂用勁向下按時，甲雙臂順勢向下進行「引進落空」，待達至乙舊勁已逝、新勁未生之際，雙臂迅速向上反彈，將乙發放出去。（圖 8-20、8-21、8-22）

【特點】：蓄勁如壓簧，反彈如彈出膛。

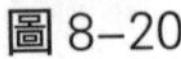
圖 8–20

圖 8–21

圖 8–22

【提示】：這是太極拳理論中「欲上先下」練功方法在推手中運用「彈抖發放」的一例典範。

學練太極推手技擊，要逐漸學會將一些力學原理運用於推手技擊之中，但力學公式是固定不變的，而推手技擊

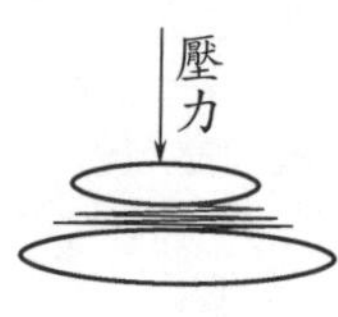

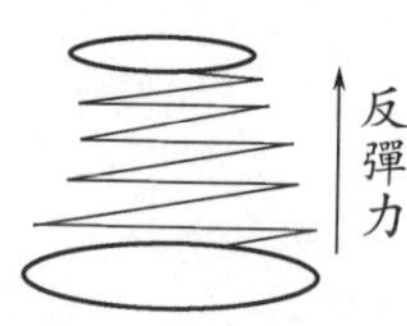

是隨機應變的，所以，太極推手技擊最注重理論聯繫實際。

第十一節　變化陰陽（欲左先右）

【動作】：當乙抓住甲雙手臂部位用勁推時，甲左手先由左向右施加一些勁，待乙吃住勁以後，甲左手突然由實手變成虛手，進行「引進落空」。右手為實手相隨跟進，進行「合即出」。同時，以腰為軸向左方向旋轉，配合雙手進行「變化陰陽」。（圖 8-23、8-24、8-25）

圖 8-23

圖 8-24

圖 8-25

【特點】：陰中有陽，陽中有陰，陰陽互濟，太極為真。

【提示】：甲先用左手向右方施加一些勁，以麻痺乙，使之判斷失誤，待乙方上當吃住勁後，甲左手突然由實手變成虛手，猶如給對方撤掉「拐杖」一樣。這是太極拳理論中「欲左先右」練功方法在推手中運用「變化陰陽」的一例典範。

第十二節　引進落空（欲前先後）

【動作】：當乙抓住甲雙臂用勁推時，甲左胳膊順勢向後運動，進行引進落空，待達至乙舊勁已逝、新勁未生之際，雙臂迅速反擊向前發勁，將乙發放出去。（圖8-26、8-27、8-28）

【特點】：捨己從人，導引疏泄，引進落空合即出。

【提示】：力學啟示我們，當物體受到外力作用而發生運動變化時，該物體由於慣性給予施力體的反作用力，稱為慣性力。

圖 8–26

圖 8-27

圖 8-28

太極拳理論中「欲前先後」的練功方法，就是根據力學中作用和反作用定律來進行「引進落空」的。練習運用「引進落空」技術時，要做到動作、勁力與對方合拍，要不先不後、不快不慢、不脫不離、恰到「火候」。這是太極拳理論中「欲前先後」的練功方法，在推手中運用「引進落空合即出」的一例典範。

太極推手時要做好「引進落空合即出」有三個過程——

1. 引進：要敢於讓對方進身，進勁為「引進」。

2. 落空：在引進過程中，運用太極中的旋轉運動或變化陰陽的方法，使對方落空。

3. 合即出：在對方被引進落空身體出現傾斜失重的情況下，迅速跟進發勁，直至將對方發放出去。

第十三節　開合勁

【動作】：乙上右步，雙手抓住甲雙臂全力推時，甲雙手臂相開，化解掉乙方推來之勁後，雙手相合、意氣形合一，朝乙身體中心擊出。（圖 8-29、8-30）

圖 8–29

圖 8–30

【特點】：開中有合，合中有開，開合互變。

【提示】：先開為「引進落空」，後合為「合即出」。

第十四節　折疊勁

【動作】：乙出右掌擊打甲胸部，當乙手掌與甲胸部相接觸的剎那間，甲胸部由上向下合，以胸部擒拿住對方。（圖 8-31、8-32）

【特點】：胸腹開合，折疊擒拿。

【提示】：太極推手中使用的「折疊勁」，是透由練習太極理論中強調的「胸腹折疊」法鍛鍊出來的，常用於胸部和腹部的擒拿。其勁的技術特點是，當對方以手掌擊打我胸部時，我胸部猶如翻板，而翻板是以軸為中心點的，所以，當翻板下部被對方來勁推進時，必然會落空，

圖 8–31

圖 8–32

翻板上部也必然會向前下方折進。這樣對方來勁越大，返還力越猛，從而以胸腹的「開合折疊」的技術方法，達到了擒拿技擊對方之目的。

又如，當我以手掌技擊對方時，意想我手臂如同翻板

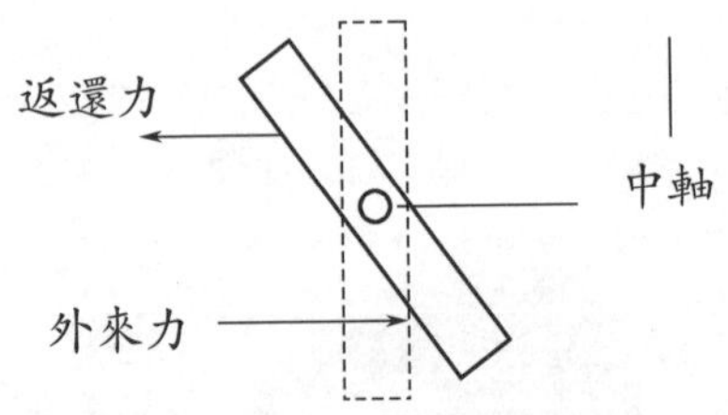

一樣，以手腕處為軸心，控制著翻板的中軸，對方一觸即翻；我則可隨意向上下旋轉或內外折動，以此控制對方勁路，使對方陷於被動地位。

第十五節　撥梢節

【動作】：乙上右步、出右拳向甲方胸部擊來時，甲左手撥化開乙方的右拳後，順勢上步進身，將右腿頂在乙右腿後，出右拳推擊乙前額處，直至將乙掀倒在地。（圖8-33、8-34、8-35、8-36）

圖 8-33

【特點】：撥梢節、斷根節

【提示】：太極推手時，以大勝小、持強勝弱是本能。而以小勝大、以弱勝強、以巧取勝，才能真正體現出獨特的太極風格。

圖 8–34

圖 8–35

圖 8–36

例如拉木樁

第十六節　鏟根節

【動作】：乙上前用雙手抓拿住甲雙臂用力向前推，甲雙手相合，似鏟子一樣，由上向下朝乙腳跟下面呈斜行鏟去，直至將乙鏟起跌出。（圖 8-37、8-38、8-39）

【特點】：避實擊虛，揚長避短。

【提示】：鏟根節是太極技擊中「避實擊虛」的技術

圖 8–37

圖 8–38

圖 8–39

方法之一，運用鏟根節的技術方法時，首先要了解對方勁的根源在哪裡，以便對症下藥，此方法還可以運用於胯、腹、胸、臂等勁的根源之處。

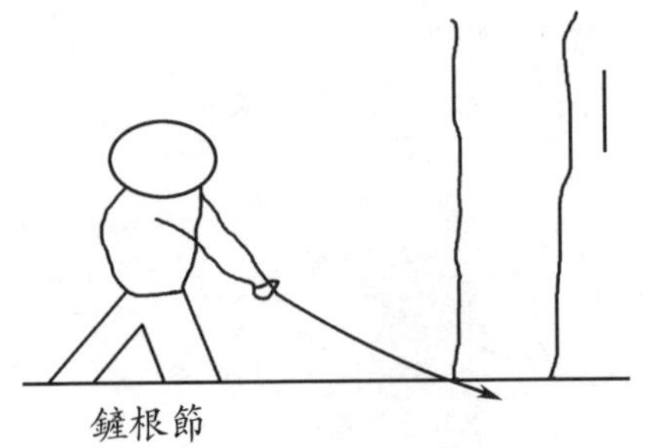

第十七節　換　勁

【動作一】：乙上步，出雙手撲推甲胸部，甲雙手用上掤的方法，掤化開乙進攻。（圖 8-40、8-41）

【動作二】：然後甲順勢用雙手推乙胸部，雙手的力

圖 8-40

圖 8-41

點互相進行不間斷的剛柔、虛實的變化。當乙向後退時，甲上步向前相跟。（圖 8-42、8-43）

【特點】：虛實互變，剛柔相濟，力點變換位置。

【提示】：太極拳理論中提出的「懂勁」應從以下幾方面認識：

戰略上，要學會「知己知彼」「以己之長，破彼之短」。

戰術上，要學會如何運用太極中獨特的技擊方法去進攻和防守。

身體上，要學會對手推你身體某部位時，你用什麼方法去破解對方的進攻。

動作上，要學會從「沒有規矩，不成方圓」的一招一式練起，逐步達到「脫規矩而合規矩」的隨心所欲的水準。

步法上，要學會在正面進攻受阻後，如何運用靈活多

圖 8–42

圖 8–43

變的五行步法進行迂迴進攻的戰術。

身法上，要學會如何運用身法步法進行調節身體，以保持立身中正、不偏不倚的狀態。

勁別上，要學會如何運用各種技術獨特的太極勁進行推手技擊。

內功上，要學會如何將內功（氣）運用到各種推手技擊的動作之中。

第十八節　鬆墜勁

【動作一】：乙上步，用雙手抓住甲雙臂用勁前推，甲雙手臂運用纏絲功化解掉乙進攻。（圖 8-44、8-45）

【動作二】：然後甲順勢將雙臂放在乙雙臂或肩上，身體胸上部位貼靠在乙身上。甲精神意念、內氣、身形，

圖 8-44

猶如一張大網，將乙身體罩、蓋、壓、縛住。（圖 8-46、8-47）

【動作三】：甲隨乙動作變化而變化，自由發揮。

【特點】：以柔克剛，棉裡藏針。

圖 8-45

圖 8-46

圖 8–47

【提示】：鬆墜勁是練習古代太極拳理論「四字秘訣」中的技術方法，動作無形無像、自由發揮。其涵意很深，習練者需要加強培養內功相助，才能切身體會到「四字秘訣」的深刻內涵。

「四字秘訣」：

敷：敷者，運氣於己身，敷布彼勁之上，使不得動也。

蓋：蓋者，以氣蓋彼來處也。

對：對者，以氣對彼來處，認定準頭而去也。

吞：吞者，以氣全吞而入於化也。

第十九節　三節勁

【動作一】：乙上右步、出右拳打甲胸部，甲出左手

撥化開乙擊來的右拳，右手握拳由下向上擊打乙下頜處。（圖 8-48、8-49）

圖 8-48

圖 8-49

【動作二】：如果甲用拳擊打乙效果不佳時，可由右拳變為右肘擊打乙胸部。（圖 8-50）

【動作三】：如果甲用肘擊打乙效果不佳時，可再由右肘變為右肩靠擊乙，直至將乙擊打出去為止。（圖

圖 8-50

圖 8-51

8-51）

【特點】：「遠拳，近肘，貼身靠」。攻破對方三道防線。

【提示】：三節勁是太極推手技擊水平達到上乘功夫階段時能隨機應變、隨心所欲時的擊法。技擊理論稱：「拳打三節不見形，如見形影不為能。」

第二十節　凌空勁

【動作】：甲用掌擊打乙時，意想內氣猶如一個「氣球」狀投向乙方，在乙身上一觸即炸。（圖 8-52）

【特點】：外丹形圓，勁發球出，一觸即炸。

【提示】：太極推手達到高級階段時，有些技擊動作的勁別不是單一的，而是幾種勁別綜合在一起應用，再加上「意到氣到，氣到力到」的內功相助，此時的勁別是很難用力學公式來表述的。只有當太極內功修練到「外丹功」階段的較深水準時，方能體會到如有一「氣球」隨掌或拳的發勁而出。

圖 8-52

綜上所述：太極拳是意氣運動，練習太極推手是調整形與氣關係的過程，猶如一杯水，形是方法，氣是內容。如果僅僅停留在外形上，沒有抓住實質，那只能獲得初級效應。只有深入提高內功「氣」的層次，才能達到意氣形合一的高級階段，才算真正掌握了太極推手的運動規律。

第九章

擒拿與反擒拿

擒拿與反擒拿是短兵相接時與對手進行近身近戰的一門格鬥技術，對象是人，技擊的是人體部位。下面就不同的擊打部位、動作介紹擒拿反擒拿的技術方法。

第一節　擒　拿

1.手部擒拿

【動作】：乙上右步，出右掌朝甲胸部擊打，甲右手抓拿住乙右手腕後向回拉，同時，左手放在乙掌指上向前推，擒拿乙方。（圖 9-1、9-2、9-3）

圖 9–1

圖 9–2

圖 9–3

2.肘部擒拿

【動作】：乙上左步，出左拳朝甲胸部擊打，甲左手抓拿住乙左手腕，順勢上步進身，右肘放在乙左肘處，形

圖 9–4

圖 9–5

成反關節狀態後，甲左手突然向上提，同時，右肘向下壓。（圖 9-4、9-5、9-6）

圖 9–6

3.肩部擒拿

【動作】：乙上左步，出左拳朝甲胸部擊打，甲左手撥化開乙擊打來的左拳，雙手相合抓拿住乙左拳，順勢進

圖 9–7

身將乙左肘放在肩上，形成反關節狀態後，雙手突然向下拉墜，同時肩向上扛。（圖 9-7、9-8、9-9）

圖 9-8

圖 9-9

圖 9-10

圖 9-11

4.胸部擒拿

【動作】：乙上右步，出右掌朝甲左胸部擊打，甲右手抓拿住乙右手腕，左胸部由上向下合擒拿住乙右手。（圖 9-10、9-11、9-12）

圖 9–12

圖 9–13

5.丹田擒拿

【動作】：乙上右步，出右掌朝甲腹部擊打，甲右手抓拿住乙右手腕後，丹田球內轉，一面為引進落空，一面為擒拿乙右手。（圖 9-13、9-14、9-15）

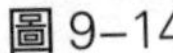
圖9–14

圖9–15

第二節　反擒拿

1.手部反擒拿

【動作】：乙右腿上步，右手抓拿住甲右手腕，甲左手抓按住乙右手後，左手腕纏絲旋轉一周，將乙反擒拿住。（圖9-16、9-17、9-18）

圖9–16

圖 9-17

圖 9-18

2.肘部反擒拿

【動作】：乙右腿上步，右手抓拿住甲右手腕，左手抓拿住甲右肘，甲以肘為軸，右手臂旋轉一周，左手抓拿

旋扭乙手，同時用右肘向下壓乙手臂，將乙反擒拿住。（圖 9-19、9-20、9-21）

圖 9-19

圖 9-20

圖 9-21

3.纏絲反擒拿

【動作】：乙左腿上步，右手抓拿住甲左臂，左手抓拿住甲右肘，甲右臂螺旋纏繞一周，化解掉乙來力，順勢進身將乙靠擊出去。（圖 9-22、9-23、9-24）

圖 9-22

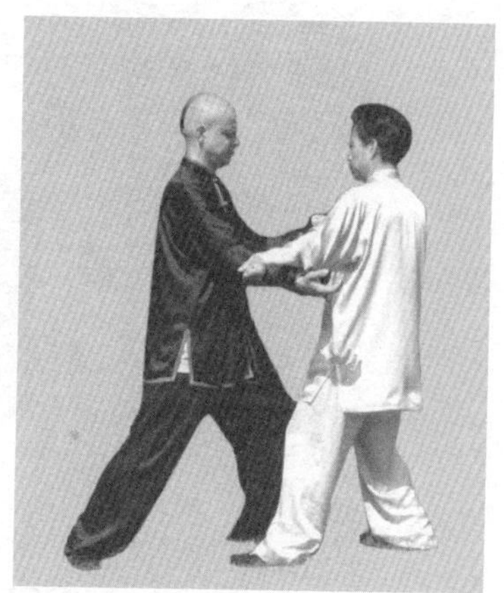

圖 9-23

圖 9-24

4.前抱反擒拿

【動作】：乙由正面用雙手將甲抱住，甲左手放在乙方頭頂，右手放在下巴處，雙手旋扭乙頭部，將乙方反擒拿住。（圖 9-25、9-26、9-27）

圖 6–25

圖 9–26

圖 9–27

圖 9–28

5.後抱反擒拿

【動作】：乙由後面抱住甲，甲迅速彎腰向下，兩手抓住乙一腿，用力上搬，同時臀部壓住上搬腿的根部，身體重心用力下坐。將乙摔倒在地。（圖 9-28、9-29、9-30）

圖 9–29

圖 9–30

第十章

腿　法

第一節　蹬　腿

【動作】：乙上左步出左拳向甲擊來，甲右手化解掉乙擊來的左拳，抬右腿蹬乙左肋處。（圖 10-1、10-2、10-3）

圖 10-1

圖 10–2

圖 10–3

第二節　踢　腿

【動 作】：乙上右步出右拳向甲擊來，甲左手按化掉

圖 10-4

圖 10-5

乙擊來的右拳，右腳向上踢乙下頜，右手向下擊打乙頭頂處。（圖 10-4、10-5、10-6）

圖 10–6

第三節　擺蓮腿

【動作】：乙上右步出右拳向甲擊來，甲右手撥化開乙擊來的右拳，上步進身，右腿頂在乙右腿後膝關節處，

圖 10–7

右手放乙頸部，同時腿向後踢，右手向前切擊乙頸部。（圖 10-7、10-8、10-9、10-10）

圖 10-8

圖 10-9

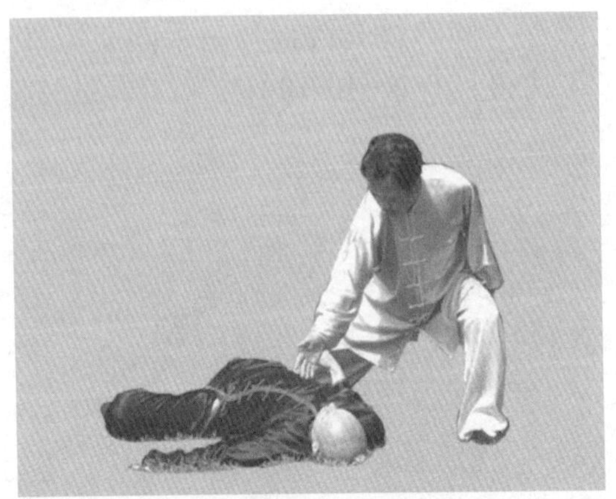

圖 10–10

第四節　拉　腿

【動作】：乙上左步出左拳向甲擊來，甲右手向下按化

圖 10–11

開乙擊來的左拳，同時右腿上步放在乙左腳後面向前拉，直至乙身體失重跌倒在地。（圖 10-11、10-12、10-13）

圖 10–12

圖 10–13

第五節　鴛鴦腿

【動作】：乙踢右腿向甲擊來，甲出左腿攔截化解踢來的右腿，順勢踢蹬乙左腿膝關節處。（圖 10-14、10-15、10-16）

圖 10-14

圖 10-15

圖 10–16

第六節　掃蹚腿

【動作】：乙上左步出左拳向甲擊來，甲左手撥化開乙左拳，同時出右腿掃踢乙左腿。（圖 10-17、10-18、10-19）

圖 10–17

圖 10–18

圖 10-19

第七節　獨立腿

【動作】：乙上右步出右拳向甲擊來，甲左手按化掉

圖 10-20

乙擊來的右拳，抬右膝撞擊乙小腹，同時用右拳向上擊打乙下頷處。（圖 10-20、10-21、10-22）

圖 10-21

圖 10-22

第十一章

點穴功

點穴功又稱「點穴術」，來源於中國古代的道家內丹功，它由運氣發勁的技擊招勢，可在瞬息之間點中人體的穴位或要害部位，造成經絡突然關閉、內氣受阻、穴位失靈，致使人體局部或整體功能活動發生嚴重障礙，失去抵抗能力。

點穴功伴隨著中國武術運動和中醫療法的興起，被吸收引入到武術的技擊和中醫的推拿之中。它運用於技擊可毀人，運用於醫療又可救人。自古至今點穴功的發展沿著兩條路線進行，作為以中醫療法為手段的點穴——效果顯著。作為以武術技擊為手段的點穴——時隱時現。

其原因是自古至今傳授其技法，各門派有明確的門規規定：「寧可失傳，也不傳匪人（指道德行為不好之人）。」因此，師父傳授點穴功技法是非常嚴格謹慎的。要從正式拜過師的弟子們中選擇品德技藝兼優者，被確立為是自己的傳人後，才有幸得到師父口傳心授此技法。所以，真正懂得點穴功技藝者寥寥無幾。點穴功作為稀傳秘技，始終被蒙上了一層神秘的面紗。

點穴的立效性與隱效性

何為「點穴」？「閉其（人體）交通要道，斷其運輸之功，輕點則暈，重點則死。」這是《武當拳術秘訣》中對於點穴功的描述。

人體由多條經絡組成，其作用為運行氣血、溝通內外聯繫，為全身的調節系統。而經絡上的各個穴位則成為人體生命活動的關鍵點，與人體的思維、行為能力的榮衰密切相關。這一套古人對於生命構成的認識模式，經過長期的中醫學實踐證明具有科學的內涵，點穴功的理論根據正是基於上述模式。

立效性：

人體的重要穴位被擊點中後（其實不僅是穴位，一些要害部位也是一樣），可立即產生特殊效果。致使人體局部或整體功能活動發生嚴重障礙。如使人勁喪失、疼痛難忍、呼吸困難、運動功能受阻等等症狀。再施以解法，又可立即恢復正常。

隱效性：

人體的重要穴位被擊點後，通常這種損傷具有較長時間的效應，或經過一段時間會逐步顯露並嚴重起來。武術術語稱此症狀為「內傷」。

點穴理論認為，按不同的手法，針對不同的穴位進行擊點，可產生多種效果反應。並由此對點穴進行了分類——截氣穴、麻穴、癱穴、暈穴、啞穴、死穴、定身術等等。最主要的一些穴道合稱三十六要穴。

關於點穴的效用，不僅是武術之謎，也是醫學之謎、人體科學之謎、生命之謎，它為我們提供了研究課題。如果這些方法效用得以科學證實，人類的體質與健康狀況有望得到進一步提高。

點穴功「操作法」

點穴功一直在努力尋求增強擊點力度與取穴效果。古代留傳下來的資料中記載了一些訓練方法。

例如：太極棒尺氣功中的纏絲功、擰功就是用來訓練掌指功夫的，長期練習可達到力發一點、點點透骨之功效。又如金剛指功。以此方法訓練掌指功夫，以求增強擊點力度和拈拿穴位。要想準確取穴，一要對全身經絡穴位熟悉，二要反覆操練。古人為了達到這一目的創造使用了木人、銅人等各種組合器具的練習方法。

循時點穴

點穴功的技術特點是「循時點穴」。即為了取得一定的效果，需要在一定的時辰內擊點相應的穴位，可收奇效。所謂「著小穴則傷，著大穴則亡」。

這種說法的理論根源於中醫的子午流注學說。即人體的十二條經絡氣血運行，隨十二個時辰的變化也進行著周期性的變化。某一時辰，氣血旺於某一經絡及該經絡上的某一個或幾個重要穴位。因此，循時點穴理論認為，如果在氣血旺於某穴位時擊點該穴，可阻塞氣血，切斷全身運輸，造成功能障礙。古代傳留下來的《三十六要穴圖》《丑時應點穴道圖》和《寅時應點穴道圖》及循時點穴時間表等珍貴的資料中還詳細列舉了每一時辰所點穴位對應結構圖文說明。

點穴氣血運行穴道秘訣

周身氣血有一頭，日夜行走不停留。
遇時遇穴若傷損，七日不治命要休。
子時走往心窩穴，丑時須向井泉求。
井口是寅山根卯，辰到天心巳鳳頭。
午時欲與中原會，左右蟾宮分在未。
鳳尾屬申屈井酉，丹腎俱爲戌時位。
六宮直等亥時來，不傳匪縛斯爲貴。

循時點穴時間表

膽經旺於子時	23 點～01 點
肝經旺於丑時	01 點～03 點
肺經旺於寅時	03 點～05 點
大腸經旺於卯時	05 點～07 點
胃經旺於辰時	07 點～09 點
脾經旺於巳時	09 點～11 點
心經旺於午時	11 點～13 點
小腸經旺於未時	13 點～15 點
膀胱經旺於申時	15 點～17 點
腎經旺於酉時	17 點～19 點
心包經旺於戌時	19 點～21 點
三焦經旺於亥時	21 點～23 點

子時氣血流注於膽

膽者，中正之宮，決斷出焉。屬木，肝之腑也，為中清之府，十一絡皆取決於膽。人之勇，怯邪正於此膽之，故從膽，有膽量方足擔天下之事。膽主仁，故以膽斷之，膽附於肝之短葉中，仁者無窮也，屬足少陽之派，少血多氣。

丑時氣血流注於肝

肝者，將軍之官，謀慮出焉。肝木臟，魂所藏居於膈膜之下，亦有繫絡，上擊下心包，其經葉中有膽附焉，蓋肝者干也，以其體狀有枝幹也，其合筋也，其容爪也，開竅於目，屬足厥陰之脈，多血少氣。

寅時氣血流注於肺

肺者，相傳之官，治節出焉。肺為金臟魄所藏為五臟之長，心之蓋生氣之原，上接喉竅，下覆諸臟，主呼吸出入，為人身之菅蓋。肺者沛也，中有二十四孔，分布清濁之氣，以行於諸臟使肺然莫御也。其合皮也，其索毛也，開竅於鼻，屬於太陰脈，少血多氣。

卯時氣血流注於大腸

大腸者，傳道之官，五味出焉。屬土脾之腑也，故從田。田乃五穀所出，以為五穀之市也。又胃者衛也，水穀入胃游溢精氣，上出於肺，暢達四肢，布護周身，足以衛外而固也，上接喉竅，居於膈膜之下，其左有小腸，屬足陽明之脈，多血少氣。

辰時氣血流注於胃

胃居中焦，五行亦屬於土。《靈樞・玉版》曰：胃能容受消化，欲食以生氣血。胃者，水穀氣血之海也。《素問・玉機真藏論》中說到五臟者，皆稟氣於胃，胃為五臟之本也，胃氣以降為順。

巳時氣血流注於脾

脾居膈下，位於中焦，為陰中之至陽，在五行中屬土，主至於長夏，脾為後天之本，氣血生化之源。脾氣主升，脾主運化，有流攝血之功能。脾主肌肉，其華在唇，開竅於口。《靈樞・本神》曰：因志而存變，謂之思，思為脾之志，少血多氣。

午時氣血流注於心

心者，居主之官，神明出焉。心火臟，故不欲。其炎上蓋，心者新也，心主血脈，日新，新新不停，則為平人，否則病矣。其合脈也，其榮色也，開竅於舌，其位居於肺之下，心包之上，其有繫絡上擊於肺，凡脾胃肝兩腎膀胱各有一繫絡，擊於包絡之旁以通於心，故包絡為心之外衛。心為五臟六腑之君主，屬於少陰之脈，少血多氣。

未時氣血流注於小腸

小腸者，受盛之官，化物出焉。屬火為心之腑，居於胃之左，上接於胃，其下即大腸、膀胱，門之精者出大腸，清者滲入膀胱，蓋人納水穀。脾化氣而上升，腸則化而下降，以腸者暢也，所以暢達胃中之氣也，暢通則為平人，否則病矣。屬少大陽脈、多血少氣。

申時氣血流注於膀胱

膀胱者，州都之官，津液藏焉。氣化則能出焉，屬水為腎之液，蓋膀胱者，膀胱光也。言氣血之元氣足，則津液旁達不竅，而肌膝皮毛皆因以光澤也。為足太陽之脈，多血少氣。

酉時氣血流注於腎

腎者，作強之官，伎巧出焉。腎水臟藏，精與志為先天之本，精神之含，性命之根也。蓋腎者引也，能到引氣通幹骨髓，又腎者任也，主骨即任因房之事，故強弱之其合骨也，其榮發也，開竅於二陽。屬足少陰之脈，少血多氣。

戌時氣血流注於膻中（心包絡一名手心主）

膻中者，臣使之官司，樂出焉。為水臟之外衛，故曰相火。代君王而行事，亦有主名，保以擊之以手，蓋以平厥陰之脈，屬於心包手三腸之脈，散絡心包是手與心主合，所以心包絡稱心主五臟，加此一臟實六臟也，即手厥陰足絡，多血少氣。

亥時氣血流注於三焦

三焦者，決三實之官，水道出焉。屬火為心包絡之腑，蓋焦者熱也，三者上中下三焦之氣也。滿腔中熱氣布護始能通水道，上焦不治則水流高源，中焦不治，則水流留中腔，下焦不治則水亂二便，三焦氣治則脈絡通，而水道利。故曰，決三實之官。屬於少陽脈也，少血多氣。

點穴指南

切動脈：（圖 11-1、11-2、11-3）

圖 11–1

圖 11–2

圖 11–3

二龍取珠：（圖 11-4、11-5、11-6）

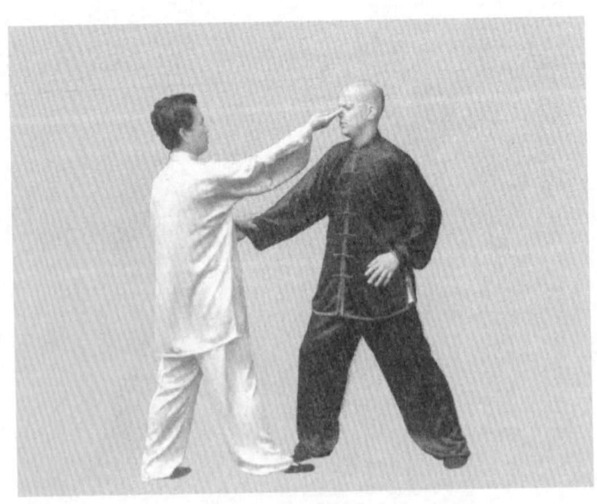

圖 11–4

圖 11-5

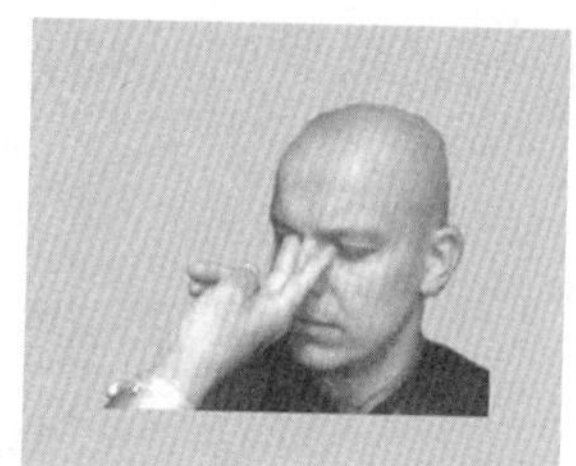
圖 11-6

擊中：（圖 11-7、11-8、11-9）

圖 11-7

圖 11-8

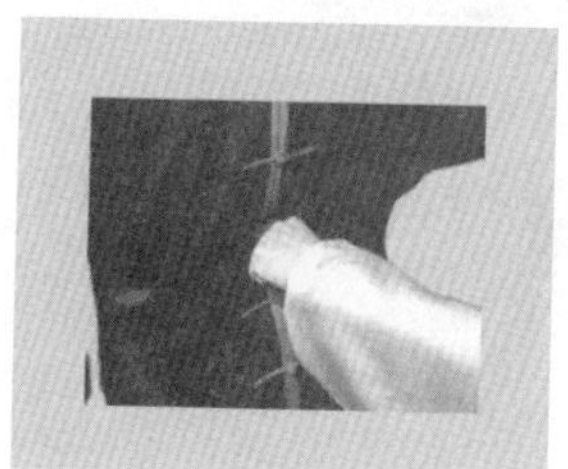
圖 11-9

追魂掌：（圖 11-10、11-11、11-12）

圖 11–10

圖 11–11

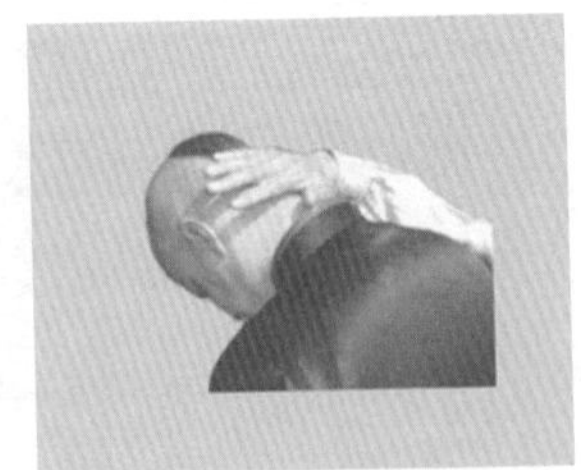

圖 11–12

拍聽宮：（圖 11-13、11-14、11-15）

圖 11–13

圖 11–14

圖 11–15

點章門：（圖 11-16、11-17、11-18）

圖 11-16

圖 11-17

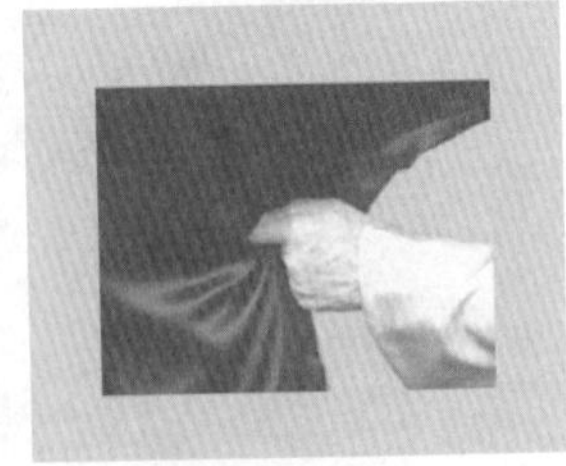

圖 11-18

點丹腎：（圖 11-19、11-20、11-21）

圖 11-19

圖 11-20

圖 11-21

點穴與時辰

時辰	生旺經	氣血行走穴道	《救傷密旨》	點穴	閉穴
子時(23～1時)	膽	心窩(膽經貫膈)	泉井	人中(上唇中間)與肘經通而肝經「環行唇內」	踝 與三焦接「下出外踝之前」
丑時(1～3時)	肝	泉井(壇中)	井口	天庭(額)與肺經「出額頭」	腰 與膽經接，「循肋里過」
寅時(3~5時)	肺	井口(鼻門)(肺經從肺系)	山根	喬空(鼻梁)與大腸經接「上夾鼻孔」	目 與肝經接，肝「聯於目系」
卯時(5～7時)	大腸	山根(印堂)(大腸經根節)天心	牙腮	與經接「循頰車」（腮）	面 通過大腸經的鼻、齒、唇，與肺經接
辰時(7～9時)	胃	天心(百會)與督脈交發際	風頭	雙陰穴（左太陽、右太陽） 膀胱經，貫臀入脾 上膝股內前廉入腹	頭 與大腸經接，「上走頰」
巳時(9～11時)	脾	風頭(玉枕)與督脈交	中原	將台（上侖）	手熱 通過脾與胃經接
午時(11～13時)	心	中原(命門)心腎相交	蟾宮	脈腕 循手外側，上腕	胸 與脾經接，「上膈」

續表

時辰	生旺經	氣血行走穴道	《救傷密旨》	點穴	閉穴
未時(13～15時)	小腸	蟾宮(腎腧)	鳳尾	七坎	腹 與心經接「下過隔膜」
申時(15～17時)	膀胱	鳳尾(長強)與任脈交	屈井	丹田 與腎經接，絡膀胱(丹田處)	心 與小腸經接，「聯絡心臟」
酉時(17~19時)	腎	屈井(臍部)與任脈交	丹腎	白(北)海	腎 與膀胱經接「行脊柱兩旁」
戌時(19～21時)	心包	丹腎(關元)與任脈交	六宮	洞壺滴漏(一說陰莖)與任脈會	項 與腎經接，「上頂」
亥時(21～23時)	三焦	六宮(恥骨)與任脈交，經恥骨	心窩	湧泉	股系 與心包、膽經接，「入股關節」
分析		按時開穴與「子午流注」相符	較開穴時間提前一個時辰「乘興而治」，「乘興而打」區別於手法不同		較開穴時間晚一個時辰「乘衰敗而閉」以制敵。

第十二章

名人軼事

一、陳式太極拳第十七代宗師陳發科先生軼事

與許禹生交手比試將許氏彈出人牆外

陳發科先生，生於 1887 年，逝於 1957 年，享壽 71 歲，為陳式太極拳第十七代宗師，不僅以武藝聞名於世，其德行修養更為眾所推崇。先生於 1928 年 10 月赴北京授拳，陳式太極拳之風貌始為世人所悉，也招來楊式太極拳、八卦掌、形意拳等拳師與先生一試身手，如武術名宿許禹生。

許氏從學於楊少侯、楊澄甫，1924 年陳微明於上海出版之《太極拳術》一書中即有許氏與楊澄甫推手示範照片四幀。1910 年，許氏曾出版第一本有關太極拳之著作，著者為關百益（後亦成為陳氏弟子），該書稱張三豐發明了太極拳，但自許氏與先生深交之後，始信太極拳真正創始者為陳王廷。

許禹生與另兩位武術家再三要求

與陳發科先生比武，均被辭謝，但彼等執意欲試，陳發科先生無奈，勉為接受。在四十尺寬廣的場子外，擠滿幾圈看熱鬧的人，兩人踏入場子內後，許氏猝然猛烈攻向陳發科先生，但突為一股勁力彈回，威力之大，將許氏彈出人牆之外，波及者無不隨之翻倒。最妙的是大家沒看到如何出手，許氏因此對陳發科先生之深湛內勁極為折服，旋拜先生為師。

與李劍華過手驗證勝負只需「兩三下」

後來許禹生曾主持國術比賽，邀請陳發科先生為特別顧問。此時許氏等對陳發科先生功夫更為敬服，時往聆聽教益。當討論一個回合的比賽時間，如何較為適當，有人建議一回合最長十五分鐘。發科先生認為太耗時間，技藝純熟的武術家兩三下就能決定勝負，最長三分鐘應足夠了。

身高六尺餘、體重二百二十磅的東北大學武術兼八卦掌教練李劍華，也擔任大會顧問，反對發科先生看法，先生笑謂：「如果不介意，可以證實一下。」李劍華接受了，隨即快速挪動身形。

當這位巨漢伸掌劈向發科先生胸口的剎那間，發科先生以軀體神妙地反擊對手，只見身形微動，李氏已反彈到牆壁，摔落到地上，牆上油漆也因撞擊之力而紛紛散落。全場愕然。

李氏站了起來，大聲向發科先生說：「現在我相信你了，三分鐘足夠……」他看了看自己，隨道：「我相信你已傷了我！」發科先生平靜地問：「你哪兒受傷了？」李氏發覺自己一點都沒受傷。

李劍華先生告訴大家，當一股龐大的內力從發科先生體內發出將他彈到牆壁後，他發現自己的衣服上竟有油漆粉末深深嵌入其中，刷都刷不下來。陳發科先生對內勁控制到這種自如境界，而使李氏毫髮無傷，在場眾人無不贊佩發科先生之太極拳功夫，從此經常向陳發科先生請教功夫，李氏也因此成為陳發科先生弟子了。

太極戰摔跤，沈友三五秒鐘「罷手」

沈友三，在家行三，人皆稱他沈三，為頂尖級摔跤家。個子中等，精力充沛，以技術精確、動作俐落迅速著稱，惟為人愛擺架子，他在北京天橋地區表演摔跤術兼賣草藥。

有一次，沈三遇到發科先生，彼此互道仰慕。沈三表示，習摔跤者實不了解太極拳是什麼，有什麼功能？一般所看到的太極拳，動作緩慢柔和，像體操，不像武術。

沈氏說：「如果摔跤家與太極拳家比武，結果如何呢？」發科先生笑著說：「想必甚為有趣。太極拳家應可迎戰任何武術，像當年楊露禪先生，人稱『無敵』。但我是不及他的。」沈就要求與發科先生試一試。發科先生伸出雙臂，要沈三抓他，圍觀者都想有精彩的比賽可看了。沈三試著去抓發科先生，幾秒後二人大笑。比試似尚未開始，但已經結束。人們只看到兩人交手後，輕挪位置約五秒鐘而已。

沈友三佩服陳發科藝業，更佩服其修養。

兩天後，發科先生正在居處之宣武區河南會館授拳，沈三攜帶禮物過訪，向發科先生打招呼並表示謝意，發科先生謙辭說：「沒什麼。」在場弟子們都感到非常困惑，不知兩人在談些什麼？

沈三發現了，就問弟子們，陳老師難道沒有告訴你們發生過什麼事？大家都回說「沒有」或「不知道有什麼事」。沈三激動地猛拍大腿，翹指贊道：「你們師父真了不起！不僅功夫高超，修養更是超人一等。大家都認為我們比武時，僅僅接觸了一會兒，沒有發生任何事，實際上我們在交手剎那，已足以明瞭彼此功夫深淺。當我抓住陳師父手臂，想借力使力，但無力可借；每當我想使用自身力道時，卻又被一股勁道反彈回來，我的技巧毫無作用。為想把他拋出去，我必須先抓住他，但無論抓住何處，總是有一股內勁自陳師父手臂或身體透出，有時幾乎傷了我的手指！他的身體似乎在那兒，但感覺上又好像不存在。後來我想摔倒他，但一樣不起作用，宛如蜻蜓撼石柱。我知道他的功夫遠超過我，他隨時可以把我拋出去，但他的武德精神為我保住顏面。事後他亦不誇耀，是一個真正的朋友！今天我特地來向陳老師表示我的敬意。」

武人多相輕，惟陳發科先生自重重人

沈三走後，弟子們問發科先生當時為什麼不把他拋出去？先生很嚴肅地說：「為什麼要毫無理由地把他人摔到地上呢？如果你們處在沈師父的地位，會喜歡被人摔到地上嗎？武者成名不易，我們應該愛惜、尊重別人的名聲。為一己私利，傷人名聲，真正武術家所不屑為。」

發科先生從不向人挑戰，但如有人再三邀戰，也會接受，但每回他都告訴對手：「盡力攻我，即使我受傷也不會怪你，我也不會傷你。」他從不傷害敵手，也教導學生這個原則。他在北京待了 29 年，獲得各門各派普遍的尊敬與推崇。這在當時武術界競爭激烈、性喜相輕的環境中，是頗不尋常的。

有一次某大學想聘他擔任武術指導，提供了很高的薪金，並準備解聘原有指導老師。發科先生要求不可因他而解聘任何人，他不喜歡搶別人飯碗。因這所私立大學無法提供兩份薪水，發科先生遂委婉卻職。這種捨己為人的精神更使他在武術界獲得極高的尊崇。

二、道家氣功著名傳人胡耀貞先生武林軼事

有一年的大年初五，馮志強先生和十幾個師兄弟們約好了，一起到胡耀貞老師家去拜年。這幾天過年，胡老師正休息，見這麼多學生來給他拜年，很高興。他和大伙聊了一會兒後，對大家說：「今天我讓你們體會體會『站樁功』的功效。」然後胡老師和大伙兒來到了院子裡，胡老師做了個「站樁功」的姿勢後，讓兩個人抓住他的左胳膊，兩個人抓住他的右胳膊，用勁向前拽，又讓兩個人在他背後使勁向前推他。只見這 6 個身強力壯的小伙子幾乎使出了吃奶的勁也沒有拽動胡老師一步。胡老師就像一座鐵塔一樣紋絲不動。

突然，胡老師做了一個「金雞抖

翎」的動作，6 個年輕力壯的小伙子立刻被紛紛抖落得前仰後合地摔倒在地上了。

胡老師讓一個學生擊打他的腹部（丹田），當那個學生上步用拳頭猛擊他的腹部時，胡老師並不動手，只運用「丹田鼓蕩」的內功之術，便將那位學生擊出五六公尺開外。

據馮志強先生回憶當時的情景時說，當時大家既想看胡老師難得展露的內功絕技。又怕胡老師叫自己去試，所以，有的人躲到牆角後面，有的人躲到房柱子後面，還有的人跑進屋子裡從窗戶往外看，誰也沒有勇氣再上前去試了。

晚上，大家在胡老師家吃飯時，胡老師語重心長地對大家說：「今天我給你們示範表演的內功之術，是想讓你們了解修練內功的重要性，修練內功就像蓋房子打地基一樣重要。」他一邊說著一邊從桌子上拿起了一根木筷子，隨手向門上一甩，只見木筷子似飛出去的利箭一樣，深深地扎入門板裡有 4 寸多深。在大家驚嘆之餘，胡老師又接著說：「今天你們都看到了，要記住一句武術諺語『練拳沒有功，到老一家空』，希望你們以後要加強對內功的修練。待你們內功達到一定水準後，不僅能達到健身祛病、延年益壽之功效，將內功運用於中醫的點穴按摩上療效更佳；運用於硬氣功能開磚劈石；運用於拳術之中更覺氣力飽滿充沛；運用於器械則更具威力；運用於技擊擒拿之中有更勝一籌之功效。」

胡老師因勢利導的一席話，使大家更加了解到了修練內功的重要性。紛紛下定決心，一定要把內功練好。

三、「太極巨人」馮志強先生武林軼事
力托千斤露神功

20 世紀 60 年代，馮老師在北京電機廠工作期間，一天，過樑吊車吊著一臺上千斤重的電機芯在車間內運行時，突然發出了吱吱作響的異常聲音，原來是吊著電機的鋼絲繩鬆脫發出的聲音，眼看電機就要墜落下來，正在旁邊工作的馮老師發現後，一個箭步衝上去穩穩接住了這個龐然大物。在場的人都被他的舉動驚呆了。那電機芯的重量可是 1100 斤啊，平時七八個身強力壯的小伙子也要費好大氣力才能抬動。

此事在電機廠裡傳開以後，不少年輕人出於好奇，多次想辦法激他露一手，可馮老師不管青年人怎樣「欺負」他，總是笑笑，不和大伙兒較真兒。

那時北京電機廠裡有一個摔跤隊，隊裡有 12 個生龍活虎的小伙子。一天，馮老師路過摔跤隊的訓練場地，被小伙子們看見，便一窩蜂圍上來要與馮老師較力。馮老師推辭不過便笑著說：「你們排成一隊來推我吧！」於是這 12 名摔跤手一個接一個，像「火車」一樣排成一隊，最前面的人用兩手推在馮老師的腹部上，然後，隨著一聲「一、二、三，推！」的口令，大家一齊用力向前推去，只見馮老師身體往下一沉，丹田內轉，12 名摔跤手紛紛被東倒西歪

地摔倒在地。

說來也巧，1987 年在深圳舉辦的國際武術訓練班上，一個外籍學生也想試試馮老師的功力，便約來了 7 個同學一起來推馮老師，當時正巧有位記者在場，拍下了這個饒有風趣的場面。

愛憎分明懲歹徒

一天，馮先生下班回家途經一條胡同時，忽聽前面有人哭，走近一看，三個歹徒正在搶一個姑娘的自行車。歹徒見有人來，一齊亮出尖刀威脅道：「你少管閑事！」面對歹徒，馮先生怒從心起，說聲：「讓我遇見了就得管！」話音未落一拳打倒一歹徒，第二個家伙凶狠地刺過來，馮先生讓過刀尖，反手叼住歹徒的手腕，只聽「咔嚓」一聲，尖刀被打落在地。

第三個歹徒從馮先生的身後衝上來，只見他一蹲身將歹徒掀翻在地，三個壞蛋一看碰上了硬碴兒全嚇跑了。最後馮先生一直將姑娘送到家門口，等姑娘的家人來道謝時，他早已消失在夜色中。

巧挫美國大力士

1981 年 9 月 2 日上午，北京體育學院（現北京體育大學）的衛生室裡請來了一位重眉毛、大眼睛、虎背熊腰、體格魁偉的老工人當按摩大夫。他，就是馮志強老師。

不一會兒，武術教練門惠豐陪著一位美國大力士來到衛生室。他每天來按摩，倒不是因為有什麼病，而是在學習中國的按摩手法。按摩完畢，他還趴在床上，衛生室的李大夫悄悄走到他的頭前，說：「你不是要見馮老師嗎？」

「什麼馮老師？」大力士一愣。「馮志強老師呀！」李大夫抿嘴一笑。

原來，這位大力士叫庫瑪，是美國太極拳研究社教練，身高一米八十多，體重一百八十多斤，三十三歲，他六歲開始練猴拳、少林拳，後又學合氣道、形意、八卦、太極；為學瑜伽術內功曾專門到印度兩年，也曾向日本的最高手學柔道，在美國曾獲柔道冠軍；走遍五十多個國家。這次，他從東南亞、香港而來，走過的地方沒遇到對手。躊躇滿志的庫瑪來到北京體育學院後，找了幾位練太極、形意的人和他會了會手，不滿意，說：「像這樣的我不再見了，簡直是浪費工夫！」

說起馮志強，早年曾隨滄州人韓曉峰練通臂，隨山西人胡耀貞練六合心意和道家氣功，1951 年拜河南陳家溝名拳師陳發科練陳式太極拳，深得陳式太極擒拿跌打的精髓，堪稱陳發科之高足。曾多次與通臂、炮錘、形意、八卦、摔跤者較量，對方無不佩服他的功夫和人品。

寒暄過後，庫瑪練幾個式子，比畫了幾手猴拳。問道：「怎麼樣？」馮志強答：「你上身有力，下身發飄。」

庫瑪自然不服氣，便「謙虛」地請「馮老師」說說手法。馮志強說：「好，你來勁，我接勁吧！」

庫瑪高興異常，用上全身解數，餓虎撲食般猛撲過來。說時遲，那時快，馮志強雙臂自下而上一迎，迅即沉肩墜肘，左膝已進入對方襠間。此著在太極上稱作「引進落空」。庫瑪有前傾撲空之感，趕緊後撤找重心，馮志強的右膝已絆住他左膝，哪裡站得穩？馮又一點他胸部，他一愣，馮並雙手發勁，沒等他反應過來，已被擊得騰空而起，幸好後面有人接住，否則還不知要跌成哈樣呢？

庫瑪站住身後，伸出大拇指，用不熟練的漢語咕嚕著說：「馮老師不得了，馮老師不得了！」

馮志強謙遜地伸出小拇指說：「在中國，我屬這個，比我強的還大有人在！」

「眞太極」技驚上海

1982 年 7 月，「全國太極名家匯演」在上海舉行。當時的上海武術界就像七月的夏天一樣，掀起了一股「太極熱」。而馮老師則是這股熱潮中最熱的熱點之一，其原因有二：一是人們要看看這位挫敗洋武師名揚海內外、當今陳式太極拳最高代表的風采，二是此次全國太極名家匯演，其他的太極名家都是帶著學生來並要和自己的學生表演太極推手的，而馮老師卻是單刀赴會，配手由大會指派。

第一場匯演時，大會組委會指派了一位練太極拳的當馮老師的推手對手，雙方一搭手，只見馮老師「彈簧勁」一抖，對方便騰空而起，身體畫著弧線飛了出去，重重地撞向了主席臺，撞翻了臺上的杯子。觀眾們對馮老師精妙的推手報以熱烈的掌聲。

第二場匯演在室外體育場舉行，大會組委會又指派了一位練外家拳硬氣功的武術好手當馮老師的推手對手，此人在上海很有名氣，出手從不饒人。雙方一交手，那人果然不客氣地使盡全力朝馮老師擊來，只見馮老師運用了一個太極拳中的「黃龍三攪水」的動作，一招便將他打翻在地。隨後又使用「引進落空」，使對方身體前栽後撲倒在地。與會者及觀眾們大開眼界，對馮老師太極功夫贊不絕口，那位推手對手更是打心眼裡佩服馮老師，他說出了大家的心裡話，「馮老師的功夫是真功夫，馮老師的太極是真太極」。

一時間，「馮志強，真太極」，成了上海武術界談論的最熱門話題。

群星研技聚北京

「文革」過後，從 1982 年開始恢復了全國太極推手比賽，在幾年來的全國太極推手比賽上，參賽選手普遍技術水準較低，太極拳的技擊風格發揮體現不出來，出現一些「頂牛」「拉扯」現象，有些人甚至對太極拳理論中的技擊方法產生了疑惑。根據此情況，中國武術院研究決定，召開一次全國太極推手研討會，以解決上述在全國太極推手比賽上存在的問題。

1990 年中國武術院邀請了全國太極拳各派的名家代表和在全國太極推手比賽上取得各級別的冠軍們，大家匯集在中國武術院設在北京郊區的訓練場。

中國武術院副院長張山主持了這次全國太極推手研討會，在研討會上有人提出了是比賽規則中的一些規定限制了推手技術水準的發揮，也有人提出是比賽場地較小而產生「頂牛」和「生拉硬扯」的現象等等。陳式太極拳代表馮志強老師提出：參賽選手技術水準較低，功夫不到家，是造成太極推手比賽時發生「頂牛」和「生拉硬扯」現象的主要因素。所以，提高功夫水準、提高技術質量是克服推手弊病的最有效的方法。

在實踐推手研討時，中國武術院安排了讓各級別的推手冠軍輪流進行推手，並請太極專家們在出現問題時，給予現場技術指導。在眾名師之中，馮老師自然又擔任起主要技術指導的重任。

當研討遇到發生「頂牛」現象時，馮老師指出，遇到此情況時一方要敢放鬆，敢放鬆才能進行「引進落空」化解對方的來勁，不敢放鬆是造成雙方發生「頂牛」現象的主要原因。年已60多歲的馮老師親自和他們進行推手，讓他們體會防止克服「頂牛」現象的有效辦法：

（1）當對方抓住馮老師的雙臂用力推來時，馮老師雙臂向後引動，待雙方舊勁已逝、新勁未生之際，雙臂迅速反彈以「彈簧勁」將對方發放出去；

（2）當對方用全力推馮老師胸部時，馮老師旋胸轉腰將對方勁化開，就在對方身體失重的剎那間，迅速進身上步，一記乾脆俐落的發勁，將對方發出去，對方起來後，抓住馮老師的雙臂再推，馮老師運用變化陰陽的技術，將對方來勁「引進落空」後，迅速反擊，「合即出」地將對方擊打出去。

馮老師的身傳言教使大家心悅誠服，決心在提高技術質量上多下工夫。

名人拜師再學藝

在全國太極推手研討會結束的晚宴上，河南省太極拳代表張茂珍先生親自給在座的武術院的領導、太極拳名家的代表、各級別的推手冠軍們斟酒，並激動地說，我出身在一個武術世家，練功幾十年，雖然在河南鄭州等地有一些影響和名氣。但是，透過參加此次中國武術院組織的全國太極推手研討會，看到馮志強老師親自示範和技術指導，深感藝無止境。我十分敬佩馮老師的太極功夫，今天當著武術院的領導和大家的面，請大家作個證，我要正式拜在馮老師門下重新學藝。

話音剛落，坐在一旁的曹之麟先生站了起來，緊接著說：「我練武近 20 年，曾在太極推手上下過些功夫，獲得過上海市 1982 年、1986 年和全國 1986 年的太極推手比賽 65 公斤級的冠軍。雖然取得了一些成績，但在實戰中免不了會產生兩力相頂的情況，我心裡也明白太極拳的特點是以弱勝強、以小力勝大力、沾黏連隨、不丟不頂、引進落空、四兩撥千斤、以巧取勝的道理，那麼，怎樣在實踐中才能真正做到這些呢？由近年來跟隨太極名家馮志強老師學習太極推手和混元氣功方知其中奧秘，尤其觀看了幾次馮老師的太極推手技擊後，對我觸動更大，深感太極功夫博大精深，學無止境。所以，我也要拜師再學藝，使自己的太極推手功夫更上一層樓。」

他倆言短情切的一番話，博得了全場熱烈掌聲，大家紛紛舉杯向馮老師及其倆「弟子」祝賀。

彩色圖解太極武術

1 太極功夫扇

定價220元

2 武當太極劍

定價220元

3 楊式太極劍

定價220元

4 楊式太極刀

定價220元

5 二十四式太極拳＋VCD

定價350元

6 三十二式太極劍＋VCD

定價350元

7 四十二式太極劍＋VCD

定價350元

8 四十二式太極拳＋VCD

定價350元

9 楊式十八式太極劍 楊式十六式太極拳

定價350元

10 楊氏二十八式太極拳＋VCD

定價350元

11 楊式太極拳四十式＋VCD

定價350元

12 陳式太極拳五十六式＋VCD

定價350元

13 吳式太極拳五十六式＋VCD

定價350元

14 精簡陳式太極拳八式十六式

定價220元

15 精簡吳式太極拳三十六式 拳架・推手

定價220元

16 夕陽美功夫扇

定價220元

17 綜合四十八式太極拳＋VCD

定價350元

18 三十二式太極拳 四段

定價220元

19 楊式三十七式太極拳＋VCD

定價350元

20 楊氏五十一式太極劍＋VCD

定價350元

21 嫡傳楊家太極拳精練二十八式

定價220元

22 嫡傳楊家太極劍五十一式

定價220元

23 嫡傳楊家太極刀十三式

定價220元

養生保健 古今養生保健法 强身健體增加身體免疫力

1 醫療養生氣功 定價250元

2 中國氣功圖譜 定價250元

3 少林醫療氣功精粹 定價250元

4 龍形實用氣功 定價220元

5 魚戲增視强身氣功 定價220元

7 道家玄牝氣功 定價200元

8 仙家秘傳袪病功 定價160元

9 少林十大健身功 定價180元

10 中國自控氣功 定價250元

11 醫療防癌氣功 定價250元

12 醫療強身氣功 定價250元

13 醫療點穴氣功 定價250元

14 中國八卦如意功 定價180元

15 正宗馬禮堂養氣功 定價420元

16 秘傳道家筋經內丹功 定價300元

17 三元開慧功 定價250元

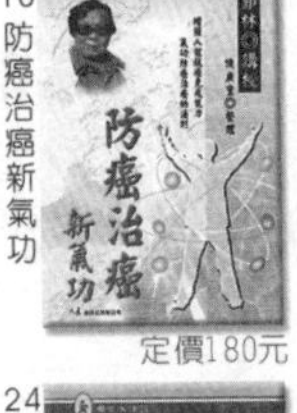

18 防癌治癌新氣功 定價180元

19 禪定與佛家氣功修煉 定價200元

20 顛倒之術 定價360元

21 簡明氣功辭典 定價360元

22 八卦三合功 定價230元

23 朱砂掌健身養生功 定價250元

24 抗老功 定價230元

25 意氣按穴排濁自療法 定價250元

27 健身祛病小功法 定價200元

28 張氏太極混元功 定價250元

30 中國少林禪密功 定價200元

31 郭林新氣功 定價400元

32 八卦之源與健身養生 定價280元

33 現代原始氣功1 定價400元

34 養生開脈太極 定價300元

35 通靈功—養生祛病及入門功法 定價300元

37 太極內功養生法 定價180元

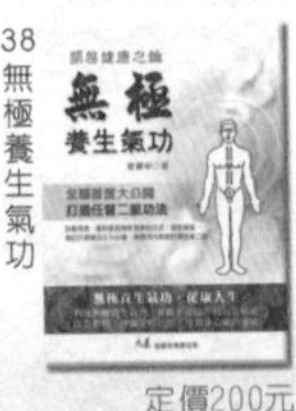

38 無極養生氣功 定價200元

39 氣的實踐小周天健康法 定價200元

40 達摩易筋經+DVD 定價350元

41 達摩洗髓經+DVD 定價400元

42 精功易筋經 定價200元

43 武當熊門七心活氣功+DVD 定價280元

44 手杖健身法 定價200元

健康加油站

1 糖尿病預防與治療　定價200元

2 胃部機能與強健　定價180元

3 不孕症治療　定價200元

4 簡易醫學急救法　定價200元

5 肥胖健康診療　定價200元

6 肝功能健康診療　定價200元

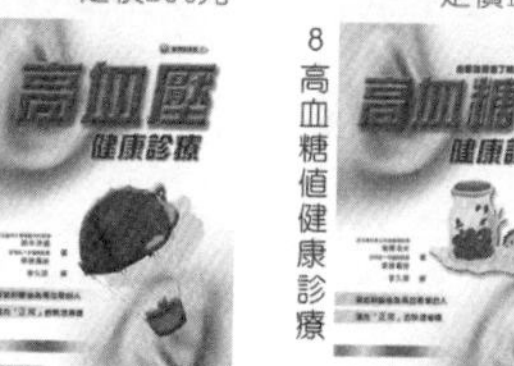
7 高血壓健康診療　定價200元

8 高血糖值健康診療　定價200元

9 尿酸值健康診療　定價200元

10 膽固醇中性脂肪健康診療　定價200元

11 痛風劇痛消除法　定價180元

12 三溫暖健康法　定價180元

13 手、腳病理按摩　定價180元

14 B型肝炎預防與治療　定價180元

15 吃得更漂亮、健康　定價180元

16 茶使您更健康　定價180元

17 圖解常見疾病運動療法　定價180元

18 科學健身改變亞健康　定價180元

19 簡易萬病自療保健　定價220元

20 王朝秘藥媚酒　定價180元

21 立見實效保健操　定價180元

22 越吃越幸福　定價200元

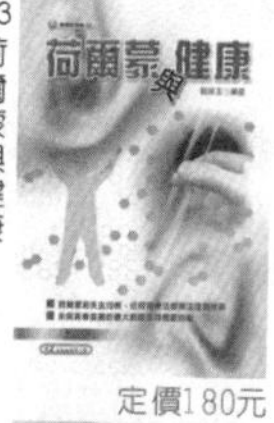
23 荷爾蒙與健康　定價180元

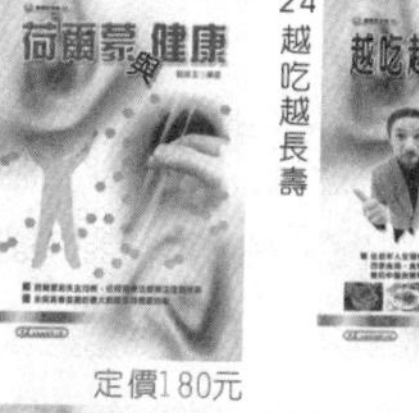
24 越吃越長壽　定價200元

25 自我保健鍛鍊　定價180元

26 斷食促進健康　定價180元

27 蔬菜健康法　定價200元

28 水果健康法　定價200元

29 越吃越苗條　定價200元

30 越吃越聰明　定價200元

31 全方位健康藥草　定價200元

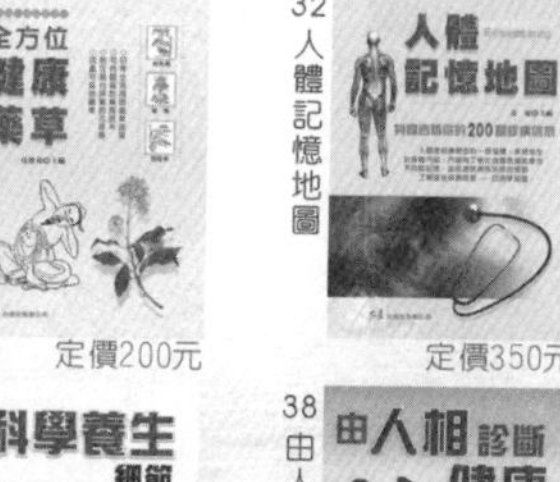
32 人體記憶地圖　定價350元

33 提升免疫力戰勝癌症　定價280元

34 腎臟病預防與治療　定價230元

35 怎樣配吃最健康　定價200元

36 心臟病腦中風預防與治療　定價180元

37 科學養生細節　定價350元

38 由人相診斷健康　定價180元

39 青春期智慧　定價200元

40 前列腺健康診療　定價200元

41 下半身鍛鍊法　定價180元

42 四高健康診療　定價300元

健康加油站

43 中醫名家養生祕方
定價180元

44 健康長壽 擁有更豐富的人生

定價200元

武術武道技術

1 日本合氣道 健身與修養

定價230元

2 現代跆拳道運動教學與訓練
定價500元

3 泰拳基礎訓練讀本
定價330元

4 泰拳實戰攻防技術
定價280元

5 李小龍腿功教室

定價280元

6 跟專家練跆拳道

定價220元

截拳道入門

1 截拳道手擊技法

定價230元

2 截拳道腳踢技法

定價230元

3 截拳道擒跌技法

定價230元

4 截拳道攻防技法

定價230元

5 截拳道連環技法

定價230元

6 截拳道功夫匯宗

定價230元

體育教材

1 籃球運動教程＋VCD

定價550元

2 游泳運動教程

定價400元

3 板球基礎教程

定價400元

4 街舞運動教程

定價280元

5 排球運動教程

定價450元

11 體育康復學

定價350元

運動精進叢書

1 怎樣跑得快

定價200元

2 怎樣投得遠

定價180元

3 怎樣跳得遠

定價180元

4 怎樣跳的高

定價180元

5 高爾夫揮桿原理

定價220元

6 網球技巧圖解

定價220元

7 排球技巧圖解

定價230元

8 沙灘排球技巧圖解

定價230元

9 撞球技巧圖解

定價230元

10 籃球技巧圖解

定價220元

11 足球技巧圖解

定價230元

12 羽毛球技巧圖解

定價220元

13 乒乓球技巧圖解

定價220元

14 曲線球與飛碟球

定價300元

15 街頭花式籃球

定價280元

16 精彩高爾夫

定價330元

17 巴西青少年足球訓練方法

定價230元

18 籃球個人技術全圖解+VCD

定價300元

19 門球（槌球）入門與提升180問

定價230元

20 美國青少年籃球訓練方式250例

定價280元

定價350元

22 籃球教學訓練遊戲

定價280元

23 羽毛球技．戰術訓練與運用

定價280元

24 網球入門

定價250元

25 網球技戰術教程

定價220元

歡迎至本公司購買書籍

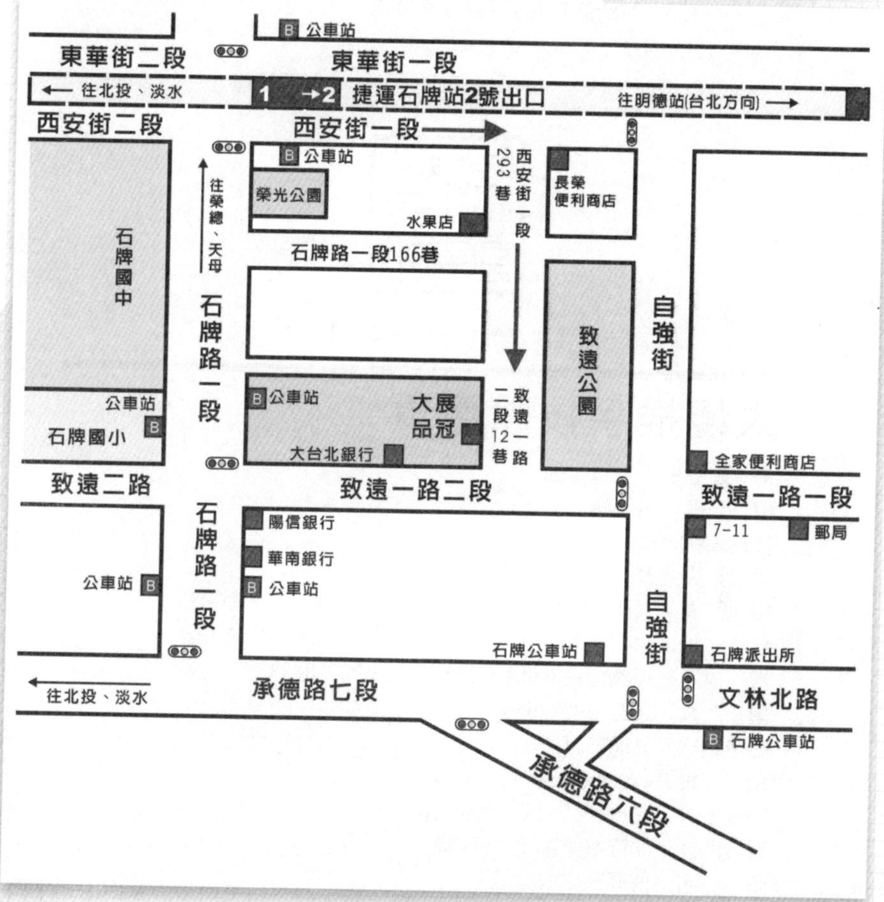

建議路線

1.搭乘捷運・公車

淡水線石牌站下車，由石牌捷運站2號出口出站(出站後靠右邊)，沿著捷運高架往台北方向走(往明德站方向)，其街名為西安街，約走100公尺(勿超過紅綠燈)，由西安街一段293巷進來(巷口有一公車站牌，站名為自強街口)，本公司位於致遠公園對面。搭公車者請於石牌站(石牌派出所)下車，走進自強街，遇致遠路口左轉，右手邊第一條巷子即為本社位置。

2.自行開車或騎車

由承德路接石牌路，看到陽信銀行右轉，此條即為致遠一路二段，在遇到自強街(紅綠燈)前的巷子(致遠公園)左轉，即可看到本公司招牌。

國家圖書館出版品預行編目資料

太極推手技擊傳真/王鳳鳴 著
—初版—臺北市：大展，2006【民 95】
面；21 公分—（武術特輯；74）
ISBN 978-957-468-430-4（平裝）
1. 太極拳
528.972　　　　94021978

太極推手技擊傳真

傳 授 者／馮　志　強
編 著 者／王　鳳　鳴
責任編輯／洪　宛　平
發 行 人／蔡　森　明
出 版 者／大展出版社有限公司
社　　址／台北市北投區（石牌）致遠一路 2 段 12 巷 1 號
電　　話／(02) 28236031・28236033・28233123
傳　　真／(02) 28272069
郵政劃撥／01669551
網　　址／www.dah-jaan.com.tw
E-mail／service@dah-jaan.com.tw
登 記 證／局版臺業字第 2171 號
承 印 者／傳興印刷有限公司
裝　　訂／建鑫裝訂有限公司
排 版 者／弘益電腦排版有限公司
授 權 者／北京人民體育出版社
初版1刷／2006 年（民 95 年） 1 月
初版2刷／2012 年（民 101 年）11 月
定價 / 300 元

大展好書　好書大展

品嘗好書　冠群可期

大展好書　好書大展

品嘗好書　冠群可期